主　编 林仁华　张辉灿

分册编著 郑守华　康永升　赵星义

鏖战上甘岭

广西科学技术出版社

图书在版编目（CIP）数据

鏖战上甘岭 / 林仁华，张辉灿主编. —南宁：广西科学技术出版社，2012.8（2020.6 重印）

（中外战争传奇丛书）

ISBN 978-7-80666-473-5

Ⅰ. ①鏖… Ⅱ. ①林… ②张… Ⅲ. ①上甘岭战役（1952）—青年读物②上甘岭战役（1852）—少年读物 Ⅳ. ① E297.5-49

中国版本图书馆 CIP 数据核字（2012）第 203414 号

中外战争传奇丛书

鏖战上甘岭

林仁华　张辉灿　主编

责任编辑　赖铭洪　　　　　**封面设计**　叁壹明道
责任校对　葛 宁　　　　　　**责任印制**　韦文印

出 版 人　卢培钊
出版发行　广西科学技术出版社
　　　　　　（南宁市东葛路 66 号　邮政编码 530023）
印　　刷　永清县晔盛亚胶印有限公司
　　　　　　（永清县工业区大良村西部　邮政编码 065600）
开　　本　700mm×950mm　1/16
印　　张　11
字　　数　142千字
版　　次　2012 年 8 月第 1 版
印　　次　2020 年 6 月第 6 次印刷
书　　号　ISBN 978-7-80666-473-5
定　　价　21.80 元

本书如有倒装缺页等问题，请与出版社联系调换。

主 编 的 话

　　国防教育是建设和巩固国防的基础，是增强民族凝聚力、提高全民素质的重要途径，是直接关系到国家安危和民族兴亡的大问题。我们国家对国防教育都很重视。早在抗日战争时期，毛泽东就把"国防教育"列为"实现坚决抗战的办法"之一。新中国成立后，又提出要在全国人民中间深入进行爱国主义教育和国防教育，号召大家"提高警惕，保卫祖国"。改革开放以来，邓小平同志多次强调要加强对公民特别是青少年进行国防教育，发扬爱国主义精神和革命英雄主义精神。江泽民同志对新形势下的国防教育有过一系列精辟的论述。他深刻指出："只要国家存在，就有国防，国防教育就要长期进行下去，作为公民的终身教育来抓。"他还强调"越是在和平建设时期，越要宣传国防建设的意义，克服和平麻痹思想，增强人民的国防观念"。

　　为加强和普及国防教育，提高全民的国防观念和军事科技素质，2001年4月28日我国以《中华人民共和国主席令》（第52号）颁布了《中华人民共和国国防教育法》。《中华人民共和国国防教育法》明确规定："学校的国防教育是全民国防教育的基础，是实施素质教育的重要内容"；"小学和初级中学应当将国防教育的内容纳入有关课程，将课堂教学与课外活动相结合，对学生进行国防教育"；"高等学校应当设置适当的国防教育课程；高级中学和相当于

高级中学的学校，应当在有关课程中安排专门的国防教育内容，并可以在学生中开展形式多样的国防教育活动"。

为了贯彻执行《中华人民共和国国防教育法》，配合学校开展国防教育，增加学生的国防观念，提高学生的素质，我们与广西科学技术出版社合作，特约军事科学院的十几位专家，编写了这套《中外战争传奇》丛书，陆续向全国发行。

这套丛书根据目前我国初中、高中历史课本和语文课本中提到的若干战争、战役，从中选择了一些对历史进程有重大影响的内容编写而成。

这套丛书有它自己的特色，即立意新颖，构思巧妙，选材精当，内容真实，主题明确，条理清晰，语言通俗，形式独特。每本书都以故事命题，由三四十个故事构成，人物和事件结合在一起，图文并茂，约 13 万字。每本书在前面都有一个内容提要，使读者一目了然地了解一场战争或一个战役的全貌。

在这套丛书的传奇故事中，主要记述广大军民谋求人民解放、民族独立、反抗侵略、保家卫国的光辉事迹。既有统帅、名将的高超谋略、英明决策和指挥艺术，又有广大官兵的英勇善战、不怕流血牺牲和积极的献计献策；既有用兵如神、出奇制胜的成功经验，又有一着不慎、满盘皆输的失败教训；既有集中兵力、以众击寡的常规韬略，又有以弱制强、以少胜多的制胜方略；既有屡败屡战、关键一仗取胜而决定战争命运的经验，又有连打胜仗、关键一仗败北而导致全军覆没的教训；既有居安思危、有备无患的经验，又有忘战必危、亡国亡军的教训等等。这些内容丰富、情节生动、事迹感人、引人入胜的传奇故事，由作者以生动、形象的描述，通俗的语言，流畅的文笔整理成书，奉献给读者。这对加强全民国防教育，使读者特别是青少年增长军事知识，启迪谋略能力，发扬爱国主义精神，增强国防意识和爱军尚武思想，都会有极大的促进作用。

由于我们水平有限，对国防教育的需求了解不足，书中有不当之处，在所难免。敬请读者、专家和学者及时提出批评、指正，以利于我们在后续工作中改进。

林仁华　张辉灿

前　言

　　1952 年 10 月，在抗美援朝战场上，以美军为首的"联合国军"单方面中断停战谈判，发动了蓄谋已久的"金化攻势"。著名的上甘岭战役随即爆发。为夺取志愿军坚守的 597.9 高地和 537.7 高地以北的无名高地，敌人先后投入作战兵力 6 万余人，动用轻重火炮 1600 多门，坦克 181 辆，飞机 3000 余架次，向两个小山头倾泻炮弹 190 余万发（最多一天高达 30 余万发），炸弹 5000 余枚，将山顶削低了两米。面对拥有现代化装备的敌人的猖狂进攻，志愿军勇士毫不畏惧，依托以坑道为骨干的坚固阵地，发扬革命英雄主义精神和机动灵活的战略战术，在不到 4 平方公里的狭小阵地上，浴血奋战 43 天，挫败了敌人的疯狂进攻，取得了歼敌 2.5 万余人的伟大胜利，使敌人未能前进一步，上甘岭变成了美军的"伤心岭"。上甘岭战役不但是我军依托坑道工事进行坚守防御战役的光辉范例，也因作战双方投入兵力之多，作战持续时间之长，战斗之紧张激烈，火力之猛烈而闻名于世界战争史。

　　上甘岭战役的胜利，使志愿军在朝鲜战场上完全掌握了主动权，迫使美、韩一方不得不重新回到谈判桌上来，从而大大加速了朝鲜战争停战的进程。

　　上甘岭战役打出了伟大的"上甘岭精神"，这就是：为了祖国，为了人民，为了胜利的奉献精神；不屈不挠，团结战斗，战胜困难

的拼搏精神；英勇顽强，坚决战斗，血战到底的胜利精神。"上甘岭精神"在国内广为传扬，成为20世纪50年代中国人民战胜困难、取得胜利的同义语。

上甘岭战役的硝烟虽已飘去半个多世纪，但是在这次战役中，志愿军表现出高超的指挥艺术和不畏艰苦、顽强奋战的英雄气概，是一笔宝贵的精神财富，永远值得我们学习和继承。为了使读者对这一举世闻名的战役有一个系统的了解，作者精选了上甘岭战役过程中的几个精彩片断，运用纪实的手法，力求对战役中的一些重要事件和指战员们的英勇事迹，作较全面的反映，以飨读者。

本书的主要编写人员是：军事科学院作战理论与条令研究部郑守华研究员，军事科学院研究生部康永升，山东经贸职业学院赵星义副教授，军事科学院军事历史研究部李鹏，济南陆军学院战术教研室潘思兴讲师。其中郑守华、赵星义同志撰写了《一场喋血之战》《广泛发动群众，筑牢"地下长城"》《狙击活动威震敌胆，"零敲牛皮糖"战果辉煌》《灵活摆兵布阵，顽强抗击敌人》《坚守坑道战斗，死死拖住敌人》《黄继光堵枪眼，显现伟大精神》《英雄排长孙占元，果断指挥战群敌》《"瞎子背拐子"，共同血战到底》《通信英雄牛保才，舍生忘死保畅通》；康永升同志撰写了《上甘岭上织天网，以地制空显神威》《阵地为家苦犹甘，坑道谱写浪漫曲》，与潘思兴同志合作完成了《小兵群作战旗开得胜，英雄部队威震上甘岭》；李鹏同志撰写了《战争之神在怒吼——上甘岭炮兵显神威》《一切为了前线，一切为了胜利》；潘思兴同志撰写了《小兵群作战旗开得胜，英雄部队威震上甘岭》和本书的附录部分。全书由郑守华、康永升、赵星义整体设计和统稿。

在这本小册子付梓之际，非常感谢广西科学技术出版社的大力支持。在编写本书过程中，作者参阅了《上甘岭大战》《鏖兵上甘

岭》《摊牌》等有关书籍和资料，在此表示诚挚的谢意。

　　由于时间仓促，水平有限，书中错误在所难免，敬请读者批评指正。

作　者

目 录
CONTENTS

ZHONGWAIZHANZHENGCHUANQICONGSHU

一场喋血之战

上甘岭，原本是朝鲜民主主义人民共和国境内一个名不见经传的小山村，只因抗美援朝战争中，中国人民志愿军与美、韩军队在这里进行了一场持续43天的残酷交战，才使它名声大噪。这场战役由于战役地幅之小，双方投入兵力之多，作战持续时间之长，战斗之紧张激烈，火力之猛烈，特别是炮兵火力密度已超过第二次世界大战的水平，从而成为世界战争史上实施坚守防御的光辉范例，永载世界战争史册。

1951年6月第五次战役结束后，志愿军相继粉碎了敌人的夏、秋季攻势，朝鲜战场处于相对稳定的状态。政治上，双方走上了漫

巍然屹立的上甘岭阵地

长的谈判道路；军事上，以美国为首的"联合国军"（所谓"联合国军"是由以美国为首的16个国家派入朝鲜的军队所组成的。在朝鲜战争中，先后派兵参加"联合国军"的国家有：英国、澳大利亚、菲律宾、土耳其、泰国、荷兰、法国、希腊、加拿大、新西兰、比利时、卢森堡、埃塞俄比亚、哥伦比亚和南非联邦。其中多数国家只是象征性地派出了军队）以15个师与中国人民志愿军和朝鲜人民军在西起礼成江口，东至东海岸的江亭一线形成对峙状态。

此时的"联合国军"经过志愿军和朝鲜人民军五次战役的连续打击，伤亡惨重，士气低落，已无力组织全线大规模进攻，处于不利地位。面对这场胜利无望而又长期消耗的战争，美国统治集团内部矛盾日趋尖锐，其国内人民反战浪潮日益高涨；各参战国之间矛盾重重。1952年秋季联合国第七届大会将在纽约召开，美国大选即将举行，在这种情况下，不甘心失败的"联合国军"急需打个"胜仗"，为联合国大会和美国大选捞取政治资本，以缓和各国和美国的内部矛盾。同时企图以军事压力摆脱被动局面，增加谈判筹码。正是在这种情况下，以美国为首的"联合国军"策划并发起了上甘岭战役。

此时的志愿军则经过两年抗美援朝战争的锻炼，积累了大量的作战经验，士气高昂，求战心切，正遵照中央军委和毛泽东主席确立的"持久作战，积极防御"的作战方针，积极进行迎击敌人可能进攻的各项准备工作。尤其是各部队广泛开展构筑以坑道为骨干的坚固防御阵地，与敌人积极进行"挤阵地"的斗争，选择敌营以下要点，实施战术性反击作战，不断改善防御态势。

1952年4月，志愿军第15军接替兄弟部队担负上甘岭防御任务后，即大量构筑坑道工事，到8月份，已在正面32公里、纵深21公里的防御阵地上，构筑了以坑道为骨干的大纵深、梯次、环形的防御阵地。因此，当敌人10月14日在上甘岭方向向志愿军发

起进攻时，志愿军第 15 军迅速作出反应，积极顽强地反击敌人的大举进攻。

上甘岭位于志愿军防线中部的五圣山前沿。上甘岭南边还有一个小山村，名叫下甘岭。残酷的战争早已使这两个小山村空无一人，房无一间，树无一棵，只是一个地理位置上的标记。两个小山村坐落在五圣山的山脚下，相距仅 1 公里，可以隔谷相望。当时，上甘岭却由志愿军控制，下甘岭则被美、韩军占领。

在上甘岭前沿的两侧，有两个小山包，右边是 597.9 高地，左边是北山，两个高地互为犄角，背靠五圣山，既是上甘岭的屏障，又是五圣山（135 团指挥所设于此山）前沿的重要支撑点。在 597.9 高地和北山的左右两侧，又有 454.4 高地和 448 高地，使 597.9 高地和北山与翼侧的高地又互为依托。这里山高坡陡，地形复杂，便于小分队行动。志愿军第 15 军的防御阵地前沿就部署在这里，战役开始时，由 45 师 135 团 2 个加强连防守。

在这之后，是王在峰、西方山、五圣山、748.9 等高地。这一地区地形险峻，尤其是五圣山山峰高耸、险要，是志愿军第 15 军的基本防御阵地，部署有志愿军 45 师。这里可以俯瞰敌方防御纵深，是一个天然的观察阵地，同时，又便于部队隐蔽集结。但由于山岭重叠，坡陡路窄，交通不便，增加了志愿军前运后送的困难。

再往后延伸，是大修洞、虎岩山、松罗山、岩回莫峰等高地，志愿军 45 师的预备队阵地就设置在这些地区，在其之后

上甘岭阵地一角

是第 15 军的机动部队。这里,地形复杂险峻,山高林密,便于预备队隐蔽配置,并与基本阵地山脊相连,便于向基本阵地机动增援作战。

在敌人一方的下甘岭村,两侧是 381 高地、537.7 高地、杏亭以西无名高地,这些都是敌人的防御前沿阵地,与志愿军的防御部队形成对峙状态。双方的防御前沿阵地相隔只有 150~400 米。

381 高地至注字洞南山与志愿军前沿阵地相连接;537.7 高地、阳地村与注字洞南山由西南向东北延伸,对我 597.9 高地和北山的侧翼安全构成威胁。537.7 高地与我北山阵地山脊相连接,便于敌人依托阵地实施进攻。下甘岭谷地宽约 150 米,向东南弯曲经甘凤里直达金化纵深,便于敌人进攻部队隐蔽集结和向前运动。

在这之后的 588.7 高地、鞍岩山、鸡雄山地势较高,是敌人阵地内的制高点,能瞰制志愿军第 135 团的前沿阵地。

金化以西地区的道昌里、榆谷里,西北的连峰亭、防御桥,西南地区的城柱岘、鹤沙里地形开阔,而且附近又有一些高地作掩护,是敌人良好的炮兵阵地和集结地域。

敌人在上甘岭方向实施进攻,目的就是先把战线拉平,改善其防御态势,进而夺取战役要点五圣山,为而后向纵深推进创造有利条件。

这一战役,从 1952 年 10 月 14 日 3 时美、韩军发起地面进攻开始,至 11 月 25 日结束,历时 43 天,交战双方主要在上甘岭附近的 597.9 和 537.7 高地以北的无名高地(以下简称北山)约 3.7 平方公里的阵地上进行。作战初期的规模,双方只是一个战斗,但后来仗越打越大,双方投入的兵力越来越多,持续时间越来越长,逐步发展成战役。

战役中,敌人先后投入了美军第 9 军之第 7 师,韩军第 2 师、第 9 师和加强炮兵 6 个营共 6 万余人,共计步兵 11 个团又 2 个营,炮兵 18 个营,集中了 300 余门大炮、180 余辆坦克和大量的飞机,

进行持续不断的轮番攻击，平均每天向阵地发射炮弹数万发，最多时一天达30多万发。先后对两个山头共发射炮弹190余万发，投掷炸弹5000余枚，把两个高地的土石炸松1~2米。

志愿军也先后投入了由第3兵团副司令员王近山、副政治委员杜义德指挥的第15军、第12军等4万余人的兵力。战役过程中，先后参战的兵力有第15军的第45师、第29师，第12军的第31师和第34师的1个团，炮兵9个团各一部另4个营，火炮114门，火箭炮24门，高炮47门。整个作战由15军军长秦基伟、政治委员谷景生指挥。使用步枪加少数火炮的劣势武器装备，依托48条10米以上、全长约760米的坑道，与敌军反复争夺，打退了敌人营以上规模的进攻25次，营以下兵力的冲击650余次，平均每天打退敌人30至40次从班排到营团规模的连续攻击，以伤亡11500人的代价，共毙伤和俘虏敌人25000人，击落击伤敌机270余架，击毁击伤其大口径火炮60余门，坦克14辆，最终守住了阵地，创造了我军依托以坑道为骨干的坚固阵地进行坚守防御战役的光辉范例。

上甘岭战役分为三个阶段：

第一阶段从10月14日到20日，主要是坚守阵地，与敌军反复争夺。

10月12~13日，敌人以航空兵和炮兵的火力突然对志愿军第15军的正面防御阵地预先进行火力突击。14日凌晨3时，敌人突然对志愿军前沿防御阵地进行直接猛烈的火力突击。4时30分，敌军以7个营的兵力在空、炮火力和坦克的支援下，分6路向志愿军第45师占领的597.9高地和北山发起猛烈进攻。同时，以4个营又4个连的兵力分别向志愿军第44师和第29师防御正面的4个地段实施牵制性进攻。这一天，敌人对597.9高地和北山两个高地发射炮弹30余万发，投掷炸弹500余枚，志愿军表面阵地上的工事几乎全部被敌火力摧毁。坚守在以上两个高地的9连和1连，在极端困难的情况下，使用轻武器依托坑道，坚决扼守，顽强战斗，先

后击退敌人从排到营规模的30多次冲击，大量杀伤了敌人。但终因我防守分队伤亡过大，弹药消耗殆尽，除597.9高地的8、2、11、7号阵地和北山的9号阵地外，其他表面阵地均被敌人占领，志愿军部队被迫退守坑道继续战斗。

14日晚，志愿军第45师调整部署，组织134团1营和133团1营分别增强597.9高地和北山的防御。当晚又以4个连的兵力，乘敌立足未稳，分4路向敌实施反击，经过3个小时的战斗，全部恢复表面阵地。这天，志愿军共歼敌2000余人。

15日至18日，双方争夺更加激烈。这时，敌人夺取上甘岭的作战企图已十分明显，那就是向五圣山方向发起进攻。因此，志愿军第45师按照上级的指示和针对敌人的企图，将上甘岭方向改为师的主要防御方向，随即调整作战部署，停止准备对注字洞南山之敌的进攻计划，集中全力准备粉碎敌人对上甘岭地区的所有进攻。这期间，敌人先后投入8个营的兵力，在大量航空兵、炮兵的支援下，连续向志愿军第45师阵地发起攻击。志愿军前沿防御部队依托表面工事和地下坑道顽强坚守，昼夜与敌反复争夺，战斗异常激烈。战至18日，终因敌火力猛烈，志愿军伤亡严重，两个高地的表面阵地全部被敌人占领，志愿军第二次退守坑道。

19日夜间，经过周密准备的志愿军第45师以7个连的兵力，在炮火的支援和坚守坑道部队的配合下，分别对占领两个高地表面阵地的敌人实施突然猛烈的反击。战至20日1时，志愿军歼敌5个连，并恢复全部阵地。第135团班长、战斗英雄黄继光就是在反击597.9高地的战斗中，为打开冲击的道路以身躯堵住敌人机枪射击孔而光荣献身的。

被赶出阵地的敌人恼羞成怒，就在志愿军夺占阵地的4小时之后，又以2个营的兵力在飞机、大炮的支援下，向两个高地疯狂反扑。激战终日，我方因伤亡过大，弹药供应不上，除597.9高地的0、4、5、6号阵地外，其余表面阵地又被敌人占领，志愿军再次

退守坑道与敌斗争。

这一阶段，敌人使用了数百架次的飞机、18 个炮兵营共 300 多门火炮、坦克 30 余辆，投入了 17 个步兵营的兵力；志愿军第 15 军部队则使用了山炮以上火炮 19 个连共 46 门、火箭炮 6 个连共 24 门，投入了 3 个团共 21 个步兵连的兵力。在这 7 昼夜的激战中，几乎都是敌人白天进攻，志愿军夜间反击，交战异常残酷，志愿军第 45 师在伤亡 3200 多人的情况下，取得了歼敌 7000 多人的辉煌战果。

第二阶段从 10 月 21 日开始，至 29 日结束，历时 9 天，主要是坚持坑道斗争，为实施决定性的战役反击进行准备。

21 日以后，敌人一面以各种手段围攻坚守坑道的志愿军，一面加紧调整部署，让韩军充当马前卒，接替遭受重创的美军担任主要作战任务，加强防御，但不放弃进攻行动。

志愿军第 45 师由于人员物资消耗较大，已暂时无力组织较大规模的反击行动。此时，志愿军总部首长认为，敌人拼死想夺取上甘岭，组织成营成团的兵力进行冲击，是我歼灭敌人的良好时机。因此，指示第 15 军坚决守住阵地，利用这一地区大量杀伤敌人。根据这一指示，15 军首长命令 45 师重点转入坚守坑道作战，进行充分的反击准备，坚决粉碎敌人的进攻，恢复表面阵地。为保证这一决心的实现，15 军抽调 1200 名新兵和部分机关人员分别补充到 45 师 13 个连队，加强上甘岭地区的炮兵力量；组织第 44 师和 29 师各一部兵力向当面之敌实施攻击，牵制敌人；第 3 兵团调 12 军的 31 师、34 师的 106 团陆续加入上甘岭地区战斗。同时，志愿军司令部决定，将全线战术性反击延长至 10 月底，以积极的攻势配合上甘岭地区作战。

敌人占领志愿军第 45 师部队的表面阵地后，为进一步向纵深进攻，随即以筑堡封锁、飞机轰炸、人工爆破、烟火熏烧、断绝水源、施放毒剂等毒辣手段破坏志愿军坚守的坑道，企图一举歼灭坚

ZHONGWAIZHANZHENGCHUANQICONGSHU

守分队，巩固阵地，为向纵深扩张创造条件。

在这种情况下，志愿军第45师的坚守分队有的坑道被炸塌，有的坑道口被堵塞，坑道内空气恶浊，氧气不足，加上坑道内缺粮、

15 军首长在指挥上甘岭战役

缺弹、缺水等，坚守分队的处境十分困难。为粉碎敌人企图，志愿军坚守坑道分队在党支部的坚强领导下，一方面，整顿战斗组织，明确分工，实施统一指挥，加强政治思想工作，激发指战员的革命英雄主义、爱国主义热情，树立必胜信念。另一方面，采取多种措施，对粮、弹、水和医疗卫生器材等统一管理使用，克服缺粮、缺弹、缺水、缺药、缺新鲜空气等各种困难。再一方面，以积极主动的攻势行动向坑道外出击、袭击，并以冷枪冷炮不断杀伤、消耗敌人的有生力量，打破敌人对坑道的破坏和封锁。各坑道分队坚守坑道口，并互相掩护，打击封锁之敌。同时，不断组织小群、多路兵力，利用夜晚敌人疲劳不备之时，突然反击敌人，不断消耗敌人的有生力量，支援坑道战斗。在这一阶段作战中，坚守坑道分队共实施小型反击行动 158 次，歼敌 2000 余人。坚守 597.9 高地 1 号坑道的分队，先后有 16 个连队番号的人员参加战斗，为了统一指挥，上级将他们统编为 134 团 8 连。在反击敌人的封锁斗争中，他们以顽强的毅力和英勇果敢的战斗行动，打退了敌人无数次围剿，粉碎了敌人多种封锁阴谋，坚守坑道 14 个昼夜，将坑道牢牢地掌握在自己手中。23 日晚，他们还在炮火支援下，以 80 多人对敌占领的主峰阵地实施反击，并一度恢复表面阵地。同时，上级还专门组织

炮火打击敌人，保护坚守分队的坑道口，并采取秘密运送、火力护送或兵力反击的方式，向坑道内补充人员和物资，轮换坑道内的人员，抢救伤员，增强坚守坑道的能力。

这一阶段，敌人投入11个多营的兵力，志愿军投入21个连队，双方在两个高地上围绕坑道展开了破坏与反破坏、封锁与反封锁、围攻与反围攻的激烈斗争。炮兵为保护坑道口的安全，不断以准确猛烈的火力摧毁构筑在坑道口附近的敌地堡，杀伤占领表面阵地的敌人，压制敌炮兵，有效地支援了坚守坑道分队的战斗。从21日至29日，志愿军共歼敌4700余人，遏止了敌人的扩张，争取了时间，取得了反封锁作战经验，为决定性的反击行动创造了有利条件。

在坚守坑道的同时，各级部队紧张地进行战役反击的各项准备工作。志愿军第3兵团根据志愿军首长的指示，将刚从一线地区撤出的第12军调往五圣山地区，作为战役预备队，随时准备投入作战；组织第15军的29师接替45师除597.9高地和北山以外的全部防御，以便使45师集中力量反击敌人，夺回以上两个高地的表面阵地；将炮兵第7师1个营、炮兵第2师4个连和高射炮兵1个团加强给第15军。同时，还给45师补充1200余名新兵，增强其战斗能力。第15军根据上级部署，拟定了战役反击方案，确立反击部署，周密进行了兵力、物资等反击准备。10月29日，45师实施战役反击的兵力已秘密进入坑道，完成了占领进攻出发阵地或冲击出发阵地的准备，各级炮兵火力已摧毁敌人占领的表面阵地工事，战役反击的一切准备工作全部就绪。

战役反击的决心和部署是：遵照毛泽东"集中优势兵力，各个歼灭敌人"的原则，首先集中优势兵力反击597.9高地之敌，待收复巩固之后，再反击北山之敌，彻底粉碎敌人的进攻。在兵力使用上，首次投入13个连的兵力，采取多路、多批次、反守结合的方法，前边反击，后边坚守。同时，以第15军的3个连与第12军的

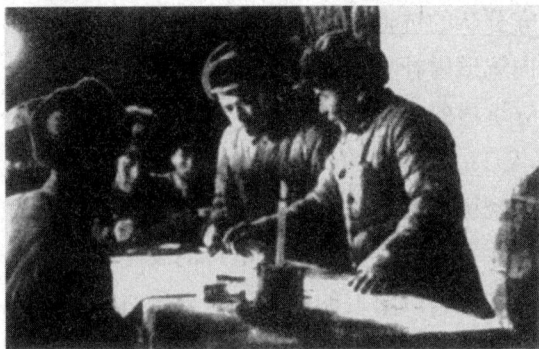

45 师指挥员在研究作战方案

91 团为预备队，随时准备支援反击作战。

第三阶段从 10 月 30 日开始，至 11 月 25 日战役结束，主要是实施战役反击，巩固阵地，彻底粉碎敌人的进攻企图。

10 月 30 日 21 时，志愿军第 15 军以 45 师的 5 个连、29 师的 2 个连，与坚守分队相配合，在 104 门各种火炮的支援下，分三路向 597.9 高地表面阵地之敌发起反击。激战至 11 月 1 日，歼敌 1 个营又 2 个连，恢复了全部阵地。随后，敌人先后共投入 17 个营的兵力，在猛烈的空、炮火力支援下，进行了 6 天的疯狂反扑。

志愿军第 15 军部队在表面阵地工事完全被破坏的情况下，以山缝、石坎、弹坑等地形为工事，以敌人的尸体作掩护，采取小组坚守，边打边修工事，边打边补充兵力、弹药，结合小规模反冲击等战术手段，杀伤敌人 6000 多名。11 月 5 日，志愿军司令员彭德怀致电祝贺反击部队收复 597.9 高地作战的胜利，表彰反击部队坚韧顽强的战斗作风，并要求参战部队"再接再厉，坚持战斗下去，直至将敌人的局部进攻完全彻底地粉碎"。

志愿军在反击 597.9 高地的同时，还以 5 个连的兵力在北山进行了小规模的反冲击行动，以钳制敌人的兵力，并歼敌 800 多名，有力地配合了主力部队对 597.9 高地的反击行动。当志愿军第 15 军完全收复 597.9 高地后，随即以第 12 军的 31 师接替 45 师，由 31 师的 91 团和 93 团 1 个营的兵力负责防守 597.9 高地，92 团和 93 团 2 个营的兵力反击北山之敌，并以 29 师的一部兵力协同 31 师

作战。

11月11日，志愿军第12军第92团以2个营的兵力在80多门火炮的支援下，以左右两路攻击队形，在坚守坑道分队和其他部队的配合下，以机动灵活的战术行动，对占领北山表面阵地的韩军第17团的1个营实施坚决勇猛的反击，以达迅速恢复阵地之目的。

同时，87团以少量兵力对北山左侧的注字洞南山防御之敌实施佯攻，以钳制敌人的兵力、火力。其他部队也在附近地区组织规模不等的攻击行动，配合北山反击战斗。

激战至当天晚上，反击分队全歼阵地之敌，恢复全部阵地。

12日至18日，敌人先后纠集了16个营的兵力，在航空、炮兵火力的支援下，竭尽全力疯狂反扑，妄图挽回其败局。

为粉碎敌人的企图，14日夜，志愿军93团的2个营投入战斗。之后，92团、93团先后击退敌人132次冲击，毙伤敌人2000余名，有力地打击了敌人的反扑。18日，志愿军第12军106团接替93团参加北山反击战斗。战斗中，该团一边作战、一边组织作业分队抢修工事，加强战斗防护，在少数兵力坚守的情况下，以无规律的反击行动，大量杀伤敌人，打退敌人多次猖狂反扑，巩固了阵地。20日以后，敌人终因伤亡惨重，无力组织大规模反击行动，只能以空、炮火力进行报复性轰炸和连以下兵力实施小规模攻击。激战至25日，志愿军第15军、第12军的部队在反复争夺阵地和反击作战中，给敌人以惨重打击，敌人再也无力进攻，至此，上甘岭战役以志愿军的胜利而告结束。

战后，人们在上甘岭地区留下了两块碑石。一块是树立在上甘岭北面的黄继光烈士纪念碑，这是根据朝鲜民主主义人民共和国领袖金日成的指示建造的。大理石的碑面上雕刻着"殉国烈士、中国人民志愿军特级英雄黄继光同志永垂不朽！"旁边还保留着烈士用胸膛堵枪眼的地堡，周围盛开着金达莱花。另一块是树立在上甘岭南面远处的"狙击棱线"纪念碑。这是韩国"为了人们不忘记（上

甘岭）那场激战"而立的，它象征着以美国为首的"联合国军"在上甘岭战役中的失败。

上甘岭战役，以彻底粉碎敌人的"金化攻势"、给以美国军队为首的"联合国军"以及韩军以沉重打击，取得辉煌战绩而震惊世界，名扬天下。战后，曾任中国人民志愿军副司令员、司令员，后任中国人民解放军总参谋长的杨得志上将，在他的著作《为了和平》一书中，对上甘岭战役作了深刻的评价，他指出：上甘岭战役，"战斗的激烈程度是空前的。特别是炮兵火力密度，按地区面积落弹量算，在第二次世界大战中也是少有的。""上甘岭防御战以它自身的显著特点及其历史作用，以我军指战员惊天动地，甚至可以说是史无前例的英雄业绩，当之无愧地载入了世界战争史册。""上甘岭这座本来无人知晓的普普通通的山峰，已经名扬四海。我们和我们的敌人都把它作为一种象征，谁也不会忘记它。"

1953年6月16日，志愿军第15军军长秦基伟在接受毛泽东、刘少奇和周恩来等国家领导人接见时，周总理紧紧握着秦基伟的手说："你们打得很苦，很顽强，打得很出色。上甘岭战役，是朝鲜战争中又一次重要战役，是军事史上的一个奇观。"

广泛发动群众　筑牢"地下长城"

　　1952 年 3 月 26 日，志愿军第 15 军接替友军担负上甘岭地区的防御任务。接防初期，由于部队刚从运动防御转为坚守防御，阵地上主要是堑壕、交通壕等暴露和半暴露工事，只有数量很少的小坑道，而且防敌飞机、大炮轰炸的能力很差，经常出现非交战伤亡。一天，敌人的飞机和大炮对某团 3 连的前沿阵地实施狂轰滥炸，位于前沿阵地的一排 12 名官兵隐蔽在一个由 6 层直径 20 厘米的圆木做顶、覆土厚度达 4 米以上的掩蔽部内防敌炮弹，不幸一枚重型炮弹将掩蔽部击穿，洞内的人员全部牺牲。面对这一情况，军长秦基伟决心发动群众，构筑坚固的坑道工事，彻底改变被动挨打的局面。

　　修筑坑道防敌火力打击，在朝鲜战场上还有一段故事。那是 1951 年夏季防御作战后期，急于求胜的"联合国军"不断提高其空、炮火力的强度。为了保存有生力量，志愿军指战员开始自发地在山上挖了一些"猫耳洞"式的防炮洞，平时坚守表面阵地，敌人打炮或扔炸弹时就躲藏在里边。后来，战士们又利用战斗间隙，在"猫耳洞"的基础上继续进一步向里挖掘，将临近的"猫耳洞"联结起来，形成了一个个马蹄形的小坑道。这些小坑道不仅可以藏身防弹，而且当敌炮火延伸、步兵发起冲击时，还可以迅速占领阵地，抗击敌军进攻。这一坑道工事的雏形很快被彭德

怀司令员知道了，他对这种创造性的行动给予了很高的评价。他认为，我军终于找到了保存自己、消灭敌人的好办法。当年10月，志愿军司令部发出指示，要求全军推广这一成果。1952年2月，敌人发现我在前沿阵地上广泛构筑坑道工事的情况后，便有计划、有组织地以重型火炮、重型炸弹和投掷毒气弹进行破坏。少数坑道由于构筑不符合要求被敌炮火摧毁，还有的坑道因选择位置不当，土质松软，春季冰雪融化时出现坍塌，造成一些人员伤亡。为此，志愿军司令部又要求全军构筑坑道必须做到"七防"，即防空、防炮、防毒（疫）、防雨、防潮、防火和防寒。为了总结工事构筑经验，统一工事标准并达到实战要求，志愿军司令部于4月底至5月初召开了各兵团和各军参谋长会议，专门部署坑道构筑工作，并要求将坑道构筑成能打（消灭敌人）、能防（保存自己）、能机动、能生活的完整体系，使坑道构筑逐步走向系统化、规范化。

志愿军第15军的部队说干就干，他们根据上级规定，针对当时敌情和防御工事的问题，展开了一场群众性的大规模构筑坑道活动。很快在第15军的防御阵地上出现了一条条顶部厚度在30米以上、坑道口厚度在10～15米、坑道内宽度在1.5米以上、高1.7米，以及具有两个以上出口的坚固坑道，形成了以坑道为骨干的坚固阵地防御体系。

在坑道构筑的过程中，全军干部战士充分发挥自己的聪明才智，创造性地工作。没有打石头的锤、钎，他们就自己当铁匠，自打自用；没有造锤、造钎的钢铁，他们就在阵地上捡炮弹壳子；没有打铁用的煤，他们就自己烧木炭；没有打炮眼的炸药，他们就从瞎火的炮弹、炸弹中搜集，逐步解决了遇到的一切困难，保障了坑道构筑的顺利进行。

135团2连5班在挖坑道时，遇到了坚硬的岩石，钢钎打不了一个炮眼钎头就秃了。该班战士何大发决心掌握修钢钎的技术，他

为了提高战场生存能力，第15军在上甘岭地区展开了一场群众性的坑道构筑运动

铁锹和钢钎是志愿军指战员构筑坑道的主要工具

根据参军前在家看过铁匠打镰刀的方法，学着垒起炉子，用炒面箱子做成风箱，用破羊皮固定在风箱拉杆上代替鸡毛，将没爆炸的重磅炮弹内的炸药和底火取出来后，用空炮弹壳当砧子，建起了像模像样的铁匠炉。但开工后修的几根钢钎，拿到工地上一用，结果不是硬度过大而断头，就是过软而卷刃。失败后他意识到，淬火的时间十分重要，刚出炉的钢钎头在冷水里浸泡的时间长了，硬度就会下降，但时间太短硬度过大也不行。为了掌握好这一火候，他用几根刚出炉的钢钎做试验，第一根放在水里浸一下，第二根浸两下，第三根浸三下。他发现，浸水时间不同，钢钎头的变化不同，第一根钎头有点发白，第二根钎头发黑，第三根钎头则成了白色。他把这些钢钎一根根做上

记号，拿到施工现场试用，结果第一根钢钎刚打几锤钎头就断了，第二根钢钎也很快就卷了，而第三根钢钎则连续打了三个多炮眼，其钎头才有点破损。从此，何大发掌握了修钢钎的技术。后来，他又不断摸索钢钎头的烧、打功夫，其技术越来越过硬，经他修的钢钎，一根能打四五个炮眼，大大加快了连队构筑坑道的进度。何大发的事迹受到了各级领导的宣扬和表彰，上级为他记二等功一次。在他的事迹鼓舞下，各部队的小铁炉像雨后春笋般地发展起来了，仅防守西方山的 44 师就成立了 58 个铁匠组，基本满足了部队构筑坑道用的铁器工具。

解决炸药问题是打坑道中遇到的另一个难题。当时，由于作战物资供应困难，加上构筑坑道任务紧急，前方部队打坑道急需爆破岩石用的炸药。为了加快进度，各部队都想尽一切办法，从敌人没有爆炸的炮弹、炸弹中找炸药。美、韩军队扔在山沟沟里、阵地上的瞎火炮弹、炸弹都给志愿军帮了大忙。据当时的统计，仅 45 师从敌人的瞎火炮弹、炸弹中拆出的炸药就达 3706 公斤。然而，拆卸瞎火的炮弹、炸弹可是一个非常危险的活，真可谓是与死神打交道，必须胆大心细，按科学办事。这里介绍排长刘月荣第一次拆卸炸弹的故事。

刘月荣所在排打的坑道都是些坚硬的岩石，没炸药爆破，单靠锹镐每天只能挖几十厘米，他想：像这样的进度一两年也挖不成一条坑道，还怎么能做到随时迎击敌人可能发动的进攻呢？正在大家十分着急之时，军里的《战场报》刊登了一则消息，称 130 团 5 连副连长庞海鱼，为了解决炸石头缺少炸药的困难，在西方山上成功地拆卸了一些没有爆炸的炸弹，倒出了很多炸药。看到这里，刘排长心里一亮，"好办法！"他立即带上两名战士，在敌人经常扔炸弹的山沟里找到一枚 200 磅的瞎火炸弹。看着这个锈迹斑斑的大家伙，刘排长有点挠头，但长期的战争磨炼培养了他不服输的性格，他挽起袖子，点上用报纸卷的纸烟，围着炸弹转了三圈，细细地琢

为提高坑道抗毁能力，志愿军战士采取各种方式加固坑道口

磨着它的结构。然后，对跟他一起来的战士们说："干这个事情可不是打鬼子，人越多越好，你们隐蔽在对面的土坎后面，仔细地看着我拆卸的动作，如果炸弹爆炸了，说明我拆卸的方法不正确，你们就再换另一种方法继续干，我们一定要把这家伙制服。"战士们听了排长的话以后，争着请求一定要由他们来干，刘月荣不容他们争辩，命令他们迅速隐蔽好。

刘月荣没有当过炮手，更没有干过工兵，但凭着多年来跟国民党军队和美国鬼子打交道的经验，他知道，这家伙里面有引信、有雷管，这是最容易爆炸的东西，必须先把它们取出来。当时，唯一的工具是一把二三十厘米长的钢钎和一把斧头。刘排长用斧头和钢钎轻敲硬刮，先把炸弹头上的锈斑剥去，然后用劲将炸弹头上凸出的部分拧了下来，里面露出了黑黑的弹簧，取出弹簧后便是一个他不知道叫什么名字的"铁蛋"，但他知道这玩意可能是很危险的东西，他屏住呼吸，轻轻地拿出"铁蛋"，下面又是一个弹簧，弹簧下面是一个黄黄的、长长的引信，这时他才意识到一切危险都在这个小东西上，但这个家伙却又不好取，转不动，拔不出。他有些紧张了，这 道关闯不过去，一切努力都将前功尽弃。想到这里，他的犟劲上来了，心想："你美国人能装上，我就

能给你卸下来。"他将钎头放在引信的一侧，用斧头轻轻地敲打钢钎，慢慢地松动引信，引信终于转动了，他全神贯注地一圈圈地敲打，最终成功地将引信取了出来。后面便容易多了，在黑白炸药中间还有两个雷管，取出雷管和下面的白色炸药，就是厚厚的黄色炸药了。望着这些像玉米面一样的炸药，刘排长兴奋地喊了起来，"成功了！"趴在土坎后面一直为排长捏着一把汗的两名战士，呼地一下子从地上爬了起来，飞快地跑到排长面前，分享着排长的胜利果实。

志愿军第15军的官兵们就是这样克服了一个又一个的困难，构筑坑道的进度一天天加快。从5月上旬军召开"筑城"会议，到7月底，45师已构成坑道306条，长8800米；挖堑壕、交通壕160条，长53000米；构筑反坦克壕4条，长2100米；修掩蔽部2400个；构筑各级指挥所、观察所204个，弹药库洞65个，屯粮洞61个，完成筑城任务的85%以上，把阵地建成了能打、能藏、能生活、能机动的阵地体系，形成了一条横亘上甘岭的地下长城，战士们的战斗、生活条件已初步得到改善。全师初上阵地的头一个月，遭敌空炮袭击伤亡达532人，到7月份已降至140人。同时，坑道的构成，还为志愿军打击敌人、夺取战场主动权提供了极其有利的条件。

志愿军第15军政委

坚如铁甲诉勇士洞

谷景生在检查部队构筑的坑道工事后兴奋地指出：坑道是志愿军的厚盾坚甲，是人力改造自然的伟大群众运动，它必将对我军进行坚固阵地防御和机动灵活地打击敌人作出巨大的贡献。

狙击活动威震敌胆 "零敲牛皮糖"战果辉煌

在上甘岭战役的前前后后,志愿军在进行阵地战、坑道战、反击战的同时,还广泛开展了机动灵活、富有成效的狙击战。

狙击战,是在敌我双方对峙的情况下,组织技术娴熟、机智灵活的射手,以单枪或单炮,利用有利地形,隐蔽、突然、准确地射击,杀伤暴露在敌前沿阵地及浅近纵深阵地上的单个人员或小群目标的一种战斗行动。目的是杀伤、扰乱、疲惫敌人,限制敌人行动的自由,积小胜为大胜,不断消耗敌人的有生力量。

开展狙击战,是志愿军贯彻毛泽东主席关于先打小歼灭战,由小歼灭战逐步过渡到大歼灭战作战思想的一个具体措施。毛泽东主席把这种打小歼灭战形象地比喻为:"零敲牛皮糖"。

20世纪四五十年代,我国东北地区有一种糖叫"牛皮糖",这种糖整块很难嚼烂,吃的时候要把它敲碎,然后一点一点地吃。因此,狙击活动可谓是真正的"零敲牛皮糖"。

据不完全统计,从1952年5月～1953年7月,我志愿军以狙击活动共毙伤敌人53520名。仅志愿军第15军在上甘岭战役前就毙伤敌人19921人,其中135团在防守北山的9个月中歼敌达3558人。

北山狙击歼敌忙

上甘岭地区的北山，是志愿军 45 师部队进行狙击战最为活跃的一个阵地。

这个阵地就像一顶老和尚的帽子，中间凸起一条岭，两头向上翘着。志愿军占着北头，美、韩军占着南头，中间相隔百余米。由于山梁的南面地形稍高一些，敌人又配置有很强火力的机枪和火炮，因此，对我前沿阵地构成了很大的威胁。志愿军第 15 军刚接防时，敌人气焰非常嚣张，我晚上挖的堑壕、交通壕，白天被敌人全部摧毁，而且敌人出出进进，大摇大摆，有时甚至在阵地上打球、唱歌、跳舞。

防守这一阵地的我 45 师 135 团 1 连，决心要打击敌人的嚣张气焰，把紧张的气氛和压力推向敌方，争取战场主动权。为实现这一目的，他们首先在前沿阵地上构筑坑道，深挖堑壕、交通壕，建立狙击阵地，并不断地将堑壕、交通壕向敌前沿阵地推进，创造保存自己、消灭敌人的有利条件。

在此基础上，连队挑选出射击技术娴熟的人员，成立了狙击队，并分成 30 多个狙击小组，在全连开展轰轰烈烈的阵前狙击活动和狙击立功运动。为了提高狙击效果，加强各组之间的协同动作，1 连指挥员将敌阵地内的各种工事、道路等目标统一划片编号，明确各个狙击小组活动的范围、狙击的地区和目标，以及相互之间的协同方法等。从此，狙击手们像猎人一样，天还没亮就背上水壶、带上干粮，潜伏在前沿阵地上，利用狙击阵地的有利地形和隐蔽的工事，神出鬼没地射杀敌人，东一枪，西一枪，打得敌人晕头转向。

这个连的 9 班班长邹习祥出生在贵州一个偏僻的山区里，从小跟着父亲在山里打猎，练就了一手好枪法。他虽然个子不高，但腿

长，行动起来特别机灵。参军后又经过连队的射击训练，射击技能可谓是炉火纯青。一天拂晓，他早早地进入了狙击阵地，等待着狙击时机。晨雾刚刚退去，他突然发现100多米远处一个敌人从掩蔽部里爬出来，急急忙忙地向山跟跑去，大概是去大便，邹习祥举起枪，细细地瞄准，慢慢地击发，"叭！"的一声，对面的那个家伙一头栽到地面上，再也没有起来。第二天，邹习祥把固定狙击改为流动狙击，在多个射击位置上狙击敌人，打一枪换一个地方，使敌人摸不着规律。这一天，邹习祥射击11次，消灭了6个敌人，自己安然无恙。后来，他不满足于自己狙击敌人，在连队里开展了"包带保打"、以老带新的狙击活动，短短一个月的时间，他先后带出17名狙击手，其中有13人是第一次参加狙击行动，人人都有战果，最少的也消灭了3个敌人，而狙击手无一伤亡。在这一个月里，他自己狙击杀敌39人，带领的狙击组杀敌207人。为此，志愿军第15军党委给他荣记二等功一次。

半年内，1连仅开展狙击活动就打死打伤敌人800多人，把敌人打得白天都不敢走出洞子，用战士们的话来说："把敌人关了禁闭"。敌人确实被志愿军打怕了，他们把1连占领的阵地称之为"狙击兵岭"，把自己占领的阵地取名为"伤心岭"。当时，志愿军第15军宣传科科长钱抵千同志了解到1连开展狙击活动的经验后，连夜写了一首狙击歌，并由军文工团创作组滕凤祥谱曲，很快在全军中唱开。歌词是：

志愿军战士在上甘岭地区展开冷枪冷炮运动，大量杀伤敌人

"冷枪战，冷枪战，

打得敌人不敢动弹；

今天俩，明天仨，

加起来就是个歼灭战。

嗨！大家来开展冷枪战，

管叫鬼子早完蛋！"

597.9 高地狙击战亦酣

在597.9高地上，2号阵地与敌人的阵地比较近，敌人经常到两个小高地之间的凹部活动，甚至企图在那里捕捉志愿军零散人员，袭击我岗哨士兵。

防守在这一阵地上的135团7连2排，早就想给敌人点颜色看看。上级号召开展狙击活动的第二天一大早，排长孙占元就指挥战士易才学和罗士明隐蔽地占领了阵地最前面两个相隔二三十米的掩体，孙占元隐蔽在后面的防炮洞口观察敌情。半个多小时后，从对面山坡的小松树林中钻出几个敌人，他们像往常一样，毫不在乎地从鸡雄山上向小南山走去。易才学向趴在附近的罗士明使了个眼色，让他做好射击准备，自己迅速瞄准前面领头的大个子。敌人伸着头，弯着腰，慢悠悠地往山上爬，易才学瞄准敌人的鼻尖，待那个敌人在山坡上稍一住脚，他便屏住呼吸，扣动扳机，那个领头的大个子像一堵墙一样应声倒下去了。这时，眼疾手快的罗士明，把后面的一个大胖子也敲掉了。夹在中间的3个敌人，吓得尖叫着抱头鼠窜。

易才学和罗士明还想射击正在逃跑的敌人，身后突然响起了两声"嘟！嘟！"小喇叭短声，这是战斗前排长孙占元给他们规定回撤的信号，他俩赶紧沿着堑壕向排长隐蔽的防炮洞回撤。两人刚到洞口，敌人的机枪"嗒嗒嗒"一个劲地向他们射来，身后溅起一层层土花。刚才他俩还有点埋怨排长让他们过早地撤回来，现在两人

ZHONGWAIZHANZHENGCHUANQICONGSHU

不约而同地佩服说："排长，你真行！"

第二天，易才学和罗士明又来到那里隐蔽待机，但等到中午时分，还是不见敌人出来，孙占元在坑道口给罗士明做了个手势，罗士明会意地仰卧在交通壕里，用枪管挑起他的军帽，伸到射击台边慢慢地晃悠着。

昨天敌人吃了亏，今天一直在隐蔽地观察志愿军前沿阵地的情况，当发现有人在堑壕边的掩体里观察时，赶紧探出身子，架起机枪准备射击。在一边早已做好射击准备的易才学抓住这一时机，先敌开火，干脆利落地敲掉了这个机枪手，随即他们一溜烟地跑回了防炮洞。

两天白白送掉了 3 条人命的美国鬼子，气急败坏地向易才学他们利用过的两个射击掩体拼命地打炮。

为了隐蔽射击位置，晚上，战士们又在原来两个射击掩体附近修筑了两个暗火力点，在射孔边上泼上水，盖上布，射击时不冒烟，不起灰尘，并在交通壕里挖出观察孔观察敌情。敌人难以发现我们，而我们的志愿军战士却可以及时地发现和射击敌人。

第三天，在孙占元排长的"导演"下，战士们在暗火力点一边的树桩上挂上了一块破雨布，上面还戴上了一顶破军帽，山风吹来，摇摇摆摆，活像一个人在那里晃动，引得敌人不停地向这里开枪开炮。然而，这时，孙占元却指挥战士们利用暗火力点隐蔽地射杀敌人，这一天又打死了 5 个鬼子。

在志愿军战士机动灵活的狙击活动中，美、韩军也绞尽脑汁，采取多种反狙击方法。一是当发现我狙击手时，立即用炮火进行压制或用机枪还击，使我狙击手难以撤离狙击阵地。二是改变活动规律，把白天换哨改为晚上换哨，把从后方向前沿阵地送饭改为分地堡做饭。白天，尽可能地减少人员活动，即使有人被打死也不出来拖尸。必须在白天活动时，一般首先要施放大量烟幕掩护其行动。三是实施伪装欺骗行动，如用大衣、杂草制作假人，构筑假地堡迷惑我军，引诱我狙击，以便寻找我火力点实施报复。有时，当遭到我狙击时，虽然没有伤亡也应声倒地装死，待我不注意时突然逃走。

针对敌人反狙击行动的特点和规律，志愿军战士们与敌斗智斗勇，创造了很多机动灵活的狙击敌人的战法。如将敌人的阵地、道路编号，固定封锁点，打"等枪"；在前沿阵地上预先构筑多个狙击台，与敌人"打游击"，使敌人不断遭到狙击，而又找不到志愿军的射击位置；用炮兵火力将敌人赶出地堡，而后再用步枪、机枪和小炮消灭跑出来的敌人，步炮配合灵活狙击等。在狙击的对象上，主要是选择那些行动不便、利于狙击的目标，如在路上机动的车辆、阵地上走动的人员、从地堡里出来解大小便的、到河里洗澡的、正在下车的、看地形的、修工事的、抬死尸的、正在吃饭的等。在狙击的时机上，选择敌汽车上坡、转弯、减速时打；对于解大便的，待其蹲下时打；洗澡的，待其脱下裤子时打，保证打得稳、打得准。

大量杀伤敌有生力量，迫使敌人白天不敢出地堡，晚上不敢出掩体，尸体不敢拖，伤员没人送，连屙屎拉尿都用罐头盒盛了往掩体外扔，把敌人逼得没办法，而我军不仅减少了遭敌各种火器射击的伤亡，而且争取了战场主动权，巩固了阵地，提高了部队的射击技术，培养了机智勇敢的战斗作风。

经过一段时间的狙击活动，敌人变得狡猾了，常常是我一开枪，敌人就像电线杆子一样倒在地下。是敌人卧倒隐蔽？还是受伤？还是被我打死啦？在我方阵地上无法准确判断。为了准确无误地统计狙击战果，保证战果的真实性，一些部队在实战中作出规定：打倒后拖走的算是打死的，抢走、抬走的算打伤的；打倒后不动的，派人监视查明。并规定：一人射击，两人观察，建立"三对战果登记簿"，防止争功、误报和重报。

迫击炮冷炮杀敌战果辉煌

迫击炮具有架炮快、瞄准快、修正快、发射快、撤炮快、隐蔽快等灵活机动的特点，是狙击杀敌的重要手段。上甘岭战役中，志愿军第15军45师135团的各个迫击炮分队，人人开动脑筋，想办法，找窍门，充分发挥迫击炮机动灵活、且利于杀伤集团目标等优势，在阵地防御战中不断以狙击战术杀伤消耗敌有生力量，取得了辉煌战绩。

狙击行动前，他们通常根据前沿之敌经常前运后送和在阵地上活动等情况，事先将敌阵地、交通要道、岔路口、掩蔽部、地堡等目标逐一编号，并测好射击距离，装定标尺，做好射击准备，一旦目标出现时便立即射击，可谓是百发百中。

135团5连的对面，敌人有两门无后座力炮，利用居高临下的地形和坚固复杂的防御工事等优势，经常向我射击，对我防御分队的安全构成严重威胁。连长决心拔掉这颗钉子，连队60迫击炮班班长王文贵受领任务后，几次带领战士到前沿秘密观察敌无后座力炮的活动情况，掌握了敌活动规律，向上级提出了兵力佯动、多炮配合、协同狙击的行动方案。很快，连、营组成了82迫、60迫3门迫击炮狙击小组，分散隐蔽在正面纵深和两翼不同的位置上。之后，他们利用防御分队的正面佯动效果，不断变换射击阵地，与敌人捉迷藏，连续打了3天，终于摧毁了敌人这两门无后座力炮。这次胜利使王文贵尝到了协同战斗的甜头，之后，他特别注意与步枪狙击手配合行动，不断提高狙击效果。每当步枪手将敌人从阵地上赶进地堡时，王文贵就抓住时机，用迫击炮摧毁敌地堡，一发炮弹就炸死几个；没炸死的从地堡内刚爬出来时，便又成了步枪狙击手的猎物。一个多月的时间，王文贵用冷迫击炮毙伤敌人67名，成了全连学习的榜样。

上甘岭的对面是敌人占领的鸡雄山，山上敌人配置了 5 辆固定坦克，直接向我前沿阵地射击，对我威胁很大。开展狙击活动以后，师、团组织山炮、榴弹炮掩护无后座力炮分队隐蔽接近敌人，以突然准确的火力先后击毁敌坦克 3 辆，击伤 2 辆，使敌人再也不敢使用坦克在这里设置固定火力点。

我迫击炮分队经过一段时间的狙击活动，击毁敌人多辆前运后送的汽车，打死打伤上百名机动人员，迫使敌人不敢在纵深阵地上活动，汽车运输也改在晚上，而且不敢开大灯行驶。一次一辆满载敌步兵的汽车，在通过我炮火狙击区时，驾驶员想加大油门快速冲过，但由于心理紧张，车翻进 2 米多深的桥下，车里的步兵死伤几十名。

在狙击活动中，他们还总结出了六快：即观察报告快、架炮快、瞄准快、修正快、发射快、撤炮快；并提出了三不打：即没把握不打，计算不准不打，瞄不准不打，打则即胜。以及"诱敌狙击，抓住时机，摸清规律，积极歼敌"等经验。敌人被我冷枪冷炮打得白天不敢出来，只有在拂晓、天黑等时间出来活动一下，雨后出来晾衣服、晒太阳。针对敌人这一活动规律，迫击炮分队组织战士们紧紧抓住这些有利时机打击敌人。

当敌飞机对我前沿阵地轰炸时，地堡内的敌人以为自己的飞机来了，志愿军不敢出来，便大胆地出来活动。这时，志愿军的一些迫击炮手就隐蔽在堑壕的猫耳洞里，等敌机刚从头顶上飞过，迫击炮手们就迅速在堑壕里占领射击位置，打击敌人，使敌人感到无论在什么时间、什么地方都没有自由、没有安全。

当敌人被我打得缩在地堡里不敢出来时，战士们就想办法引蛇出洞。为了麻痹敌人，他们 3 天不打炮，当敌人放松警惕再次出来活动时，又立即遭到志愿军迫击炮的狙击。

为了隐蔽迫击炮阵地，迷惑敌人，135 团的 82 迫击炮连还在距射击阵地不太远的地方设置假迫击炮阵地。每当迫击炮射击时，就

在假阵地上用绳拉手榴弹炸柴灰冒烟，模拟迫击炮发射时的阵地情况，将敌人的炮兵火力引到假阵地上去，有效地掩护了我真迫击炮阵地的安全。

在迫击炮狙击活动中，还有一个迫击炮打直升机的战例。那是一天下午，志愿军第 40 军某团前进指挥所发现：敌一架运输直升机突然降落在我前沿阵地对面的山背后。团指挥员命令配置在前沿阵地的迫击炮打掉它！

迫击炮班班长张建兴接受了这一任务。隔着一座山，张班长无法看到直升机降落的具体位置，只好按照山背面的地形、敌运输直升机可能担负的任务等，判断敌直升机可能降落的地点。根据过去对敌阵地的多次侦察，他知道敌高地的中间有一条又宽又深的交通壕，从山前一直通向山后，张班长想：不管敌直升机是来送弹药还是往后方运送伤员，十有八九是停在这条交通壕上。敌人为了防止被我炮火击中，可能降落在山脚附近。

按照判定的目标位置，他目测射击距离约为 1400 米。为了帮助准确地瞄准，他又在射击的方向上插上几根标志竿进行标示。经过仔细瞄准后，试射了 2 发炮弹。根据炮弹落地的声音，他判断射击距离远了一点，没炸着目标。随后，他又迅速修定标尺，缩短射击距离 50 米，接着又打了 1 发炮弹。随着炮弹"嗖！"地飞出炮筒，山后立即响起了"轰隆"的爆炸声，一股浓烟慢慢地升到空中。很快，团前沿观察所打来电话："打得好，敌直升机已被我迫击炮打中了！"

炮兵狙击更显神威

为了进一步扩大狙击战果，把压力推向敌纵深，使敌人前后都不得安宁，从 1952 年 6 月份以后，志愿军第 15 军在上甘岭地区还开展了炮兵狙击活动。

炮兵狙击要比步枪、机枪、迫击炮狙击复杂得多，首先需要查明敌纵深的目标和敌活动情况，组织多方位的战场观察，而后抓住战机，以突然猛烈的集中射击对敌实施狙击，达到摧毁敌重要目标、杀伤敌集团有生力量的目的。

8月，军长秦基伟批准了炮兵第9团实施狙击行动的作战计划。根据作战计划，副团长赵梗从全团中挑选了过去曾在敌后打过游击的8连副连长齐自珍、担任过步兵侦察班长的后勤助理员李凤举，以及有着观察、通信和熟练射击技术的2营指挥排长林培耀共3人，执行敌后化装侦察任务，查明敌纵深内的指挥所、炮兵阵地和仓库等重要目标的具体位置，为炮兵狙击提供精确的数据。

行动前，他们进行了充分的战前准备，利用前沿部队设置的防御阵地，练习通过各种铁丝网、雷场等障碍区的方法，研究与敌小分队遭遇和遇敌哨兵等各种情况时的处置措施，并进行了30多个小时的游泳训练及识图用图训练，为圆满完成任务打下了良好的基础。

9月5日傍晚，他们3人身穿美军服装、头戴化学盔，脚蹬大皮靴，肩背美式汤姆冲锋枪，腰带瓜式手榴弹，手提探雷器，脖子上还挂着望远镜等，化装成美国兵。深夜，他们在赵副团长的指挥下，由6名侦察员和2个步兵班护送，秘密地通过敌火力封锁线，进入了敌阵地，在敌人的鼻子底下，神不知鬼不觉地通过了9道各种形状的铁丝网和多个雷场，克服了河流等障碍，巧妙地躲过了敌人多道哨卡，昼伏夜出，在敌纵深活动4个白天、6个夜晚，查明敌炮兵阵地17处，共计火炮99门，指挥所3个，仓库3个等重要目标。9月9日黄昏，侦察组安全返回营地。

很快，志愿军第15军44师根据侦察组获得的情报，组织了60余门火炮对二吉里、吉洞等处的敌炮兵阵地、指挥所和仓库等目标进行突然猛烈的火力急袭。顿时，敌后方炸声如雷，浓烟滚滚。当我侦察人员再次潜入敌纵深时，发现原配置火炮、指挥所和仓库的

一些地区留下一片片被毁的惨状，其他靠近前沿的炮兵阵地也都向后转移，从而对我前沿防御的威胁大大减少。

随后，志愿军第 15 军专门召开会议，表彰炮兵第 9 团灵活实施炮兵狙击的成功行动，总结此次炮兵狙击的经验教训，并决定将部分山炮、榴弹炮等大口径火炮搬上山，配置在坑道口，同时大量增加炮兵观察点，加强炮兵敌后侦察，以加大火炮射程和射击范围，提高射击精度和炮兵的反应速度，弥补我火炮口径小、射程近、精度差等弱点，增强作战效能。会议之后，炮兵部队掀起了广泛开展冷炮射击的热潮。一些连队将火炮拆开，肩扛人抬，一件一件地运到山顶，再重新组装起来，架设在坑道口附近，并进行严密伪装，犹如给大炮装上刺刀，与敌人展开近战。由于组织得当，我志愿军炮兵先后摧毁了敌人设置在住罗寺、下所里、城柱洞、蓬莲亭等地的炮兵阵地、弹药所和仓库等重要目标，击毁敌大量火炮、弹药和作战物资，迫使敌人 10 余处炮兵阵地向纵深转移 3000 米左右。

青年猎手勇摘狙击桂冠

人民文学出版社 1956 年出版的《志愿军英雄传》一书中，介绍了一位入伍刚 3 个月，在上甘岭 597.9 高地上战斗 32 天，用 436 发子弹先后打死打伤敌人 214 人，创造了朝鲜战场上个人冷枪杀敌最高纪录的狙击手的事迹。战争使这名从未打过枪的新战士成长为一名百发百中的神枪手，并被志愿军领导机关记特等战功，授予"二级战斗英雄"称号，他就是优秀青年猎手张桃芳。

那是在上甘岭战役后，志愿军第 24 军接替了第 15 军在上甘岭、金化和平康地区的防御。部队刚上阵地不久，遇上敌人换防，敌人在阵地上出出进进，上上下下，构筑工事，搬运物资，活动频繁。看来，敌人是初来乍到，不知道志愿军的厉害。为此，第 24

军党委决定，在一线部队中组织群众性的冷枪杀敌运动，并开展争创"百名狙击手"活动。

正是在这一背景下，张桃芳所在的 72 师 214 团 8 连承担了上甘岭的 597.9 高地防御战斗任务。连队一来到高地，便开展了人人做计划，个个订措施，努力争当"百名狙击手"的活动。

入伍不久的张桃芳决心很大，发誓要在狙击活动中当英雄。在连队组织的狙击训练中，他积极刻苦地训练，认真琢磨射击要领。平时一有空就跑到老战士那里让他们讲狙击战斗的故事，听着老战士们猎杀敌人的战果，张桃芳心里馋得直痒痒。没练几天，便死磨硬缠着班长，要上阵地打敌人。一天，班长终于同意了他的请求，带他一起参加狙击行动。

第一次执行狙击任务时，张桃芳又激动又紧张，跟着班长，顺着堑壕很快来到了前沿狙击阵地。刚趴下不久，就发现两个鬼子一前一后向山下走去。他像在射击训练场上打靶一样，认认真真地瞄准敌人的头部，连开两枪，不仅没有打死敌人，反而招来了敌人一阵炮弹。

回到坑道后，滕志平班长问他："你是怎么瞄准的?"

张桃芳回答："和往常训练一样，对准敌人的脑瓜子，三点成一线，然后扣动扳机。"

"哦，原因就在这里!"

"原因在哪里?"张桃芳有点莫名其妙地问班长。

班长边在地上摆几块小石头，边对张桃芳说："刚才你打的是运动的敌人，打运动的敌人不能和打固定的敌人一样。"

他在几块小石头中间画了几条线，比划着说："人步行的速度，每秒大约为 1.5 米；慢跑时每秒约 3 米；快跑时每秒约 4.5 米。当你瞄准他的脑袋射击时，敌人已经走出去快 1 米了，所以不可能打中他，打这种运动的敌人必须得算提前量。"

班长根据自己多年来的实战经验说："打提前量，简单方便的

方法是：迎面向山坡下走的敌人，走得快就瞄他的脚，走得慢就瞄他的膝盖；背向我们上山的敌人，走得快就朝着他头上10公分左右瞄，走得慢就瞄准他的头部打。也可以概括地说：'跑步瞄前，上山瞄头，下山瞄脚。'另外，打横向走的和打在平地上迎面走来的，计算提前量的方法也不一样……"

张桃芳第一次了解到射击还有那么多学问，他敬佩班长射击技艺的高超和射击知识的丰富。

从那以后，他利用各种时间对运动目标进行瞄准练习，有时一练就是半天。即使是在坑道口休息时，虽然枪的射击距离打不着敌人，但他还是不停地端着枪对着敌人瞄准。

几天后，张桃芳又向班长请求再次参加狙击行动。天还没亮，他就跟班长一起上了阵地。等了半天，才发现有3个鬼子从山头上的地堡里钻出来，慌慌张张地向山下跑。

张桃芳按照班长讲的射击要领，心情平静地瞄准跑在前面那个大个子的脚，"砰！"的一枪，大个子应声倒了下去。"打中了！"张桃芳高兴得简直要跳起来，连应该继续射击后面的敌人都忘了。幸亏，在2号狙击台的班长连开两枪将后面的两个敌人送上了西天。

张桃芳的射击技术提高很快，在40多天的时间里，他用240发子弹打倒了71个敌人。

后来，他又参加了团里的射击培训班，从其他战友那里学到了不少宝贵的射击经验，射击技术进一步提高。培训班结束那天，团长没考核张桃芳对固定靶的射击技术，而是指着正在天上飞的一群鸟，下达了射击命令。张桃芳应令举枪就打，只听"叭！""叭！"……五声枪响后，四只鸟儿应声落地，获得在场官兵的一阵阵掌声。张桃芳成了培训班射击技术最过硬的战士。

培训结束后，他带着6名战友又来到了597.9高地的前沿阵地。这时班长已经调到其他阵地上去了。

次日拂晓，他带着战友吕生堂进入了3号狙击台。天刚发亮，

张桃芳向身边的吕生堂说了声："发现敌人！"便立即调转枪口，向敌人瞄去。

吕生堂顺着张桃芳的枪口看去，发现一个体积肥大的草人，草人后面好像有两个小的反光东西在晃动。只见张桃芳不慌不忙，稍稍地瞄了瞄，就在敌人刚一露头的瞬间，"叭！"的一枪，草人后边藏着的那个鬼子一下子栽在地上，那个反光的望远镜也摔掉在很远的地方。

第二天，敌人开始对我防御阵地实施猛烈的炮火轰击，敌炮火一停，张桃芳就带着战友进入了阵地，透过硝烟，他发现敌人正在换防，便和费兴海、吕生堂立即向只顾撤离阵地的敌人射击。

"叭！叭！"几枪，几个敌人应声倒下。3 个人正打上瘾的时候，突然，"嗖——咣！"一颗炮弹在张桃芳身旁爆炸，土块打在他的脸上，又麻又痛。

敌人的炮弹怎么来得这么快，又这么准？张桃芳迅速向敌前沿附近观察搜索，发现在一个不太惹人注意的新地堡后，有一个鬼子正在探头探脑地用望远镜向我方前沿观察，右手还拿着一个报话机。

"原来是这家伙在搞鬼！"就在这家伙再次露头的时候，张桃芳狠狠地打出了一颗子弹，那家伙一头栽到一边去了。

敌人的炮火停止了，张桃芳和他的战友共收拾了 10 多个正在换防的敌人。

狙击活动的空余时间，张桃芳和费兴海、吕生堂经常在一起研究敌前沿阵地的敌情变化，总结交流狙击战法，以不断提高狙击技能。一天晚上，他们又在一起研究白天遇到的情况：敌人 1 个机枪小组，构筑了 3 个射击掩体，狡猾的敌人不断变换射击位置，张桃芳他们几次都没能消灭掉这伙敌人。经过反复研究，最后，他们决定采取"三点结合，以不动对敌动"的射击方法，消灭这伙敌人。

具体方法是：张桃芳占领 3 号狙击台，费兴海占领 2 号狙击

台，吕生堂占领 1 号狙击台。如果敌人从这个射击台对位于 3 号狙击台的张桃芳射击，位于 2 号狙击台的费兴海就抓住敌人暴露的时机射击敌人；如果敌人向费兴海射击，位于 1、3 号狙击台上的吕生堂和张桃芳就从两翼侧射敌人。这样不论敌人在哪个射击位置上都将处在我射击的火力之中。

早晨，他们 3 人隐蔽地来到前沿阵地，分头进入狙击台。等了好久，不见敌人露面，张桃芳刚露出一点脑袋想观察敌人的动静，谁知一串机枪子弹贴着他的头皮"嗖——嗖"飞过，他立即把头缩了回来。没等 2 号狙击台上的费兴海还击，敌机枪又迅速消失了。张桃芳忽然发现交通壕里有一顶破钢盔，便灵机一动，顺手拾起来，用步枪将它顶起露出堑壕。过去，这一方法曾引诱过敌人出来，并消灭了一个机枪手，但这一次不灵了，老奸巨猾的敌人没有还击。

位于 2 号狙击台上的费兴海沉不住气了，他隐蔽地观察了敌机枪大概的位置，便突然出枪向敌人射击，敌人听到我 2 号狙击台打枪，便立即架起枪准备还击。这时，位于 3、1 号狙击台的张桃芳和吕生堂抓住这一难得的时机，从两个方向快速准确地瞄准射击，彻底收拾了敌机枪手。

张桃芳在狙击行动中，针对敌人有时装死的情况，每次射击时，总是根据自己射击时的感觉、敌人倒地的现象等，判断是否真正命中敌人。当怀疑敌人是假死时，射击后仍瞄准原处不动，当敌人爬起来想溜走时，再给他补上一枪。

灵活摆兵布阵　顽强抗击敌人

1952 年 10 月，敌军在 12～13 日连续两天对我上甘岭阵地进行航空炮兵火力攻击。14 日凌晨 3 时，又以 40 余架次飞机、300 多门榴弹炮和 37 辆坦克，突然向 597.9 高地实施猛烈轰击。坚守在这一高地的志愿军第 45 师 135 团 9 连连长高永祥意识到，敌人可能马上要进行大规模进攻，当即命令所属分队和配属的 8 连第 1排，加强警戒，严密监视敌人，做好战斗准备。

5 时，敌人在大量烟幕的掩护下，以美军第 7 师第 31 团第 1 营和韩军第 17 团第 1 营各 1 个排的兵力，由下甘岭以西山谷与下甘岭以北无名高地，成两路攻击队形，隐蔽快速地向我 9 号、7 号和 11 号阵地接近，企图利用两个排的攻击，试探我火力打击效果和防御能力。高连长察觉敌人的企图后，命令部队注意隐蔽，待敌人到达我阵地前 50 米以内，以突然猛烈的火力杀伤敌人，不要暴露防御部署。敌人越来越近了，配置在 0 号和 3 号阵地上的重机枪暗火力点首先开火，给冲到 9、10 号阵地前的敌人以突如其来的杀伤，并严密封锁了这两个阵地与主峰西南山谷；几乎同时，位于 2号、8 号阵地坚固工事内的重机枪以突然猛烈的火力杀伤冲到 7 号、11 号阵地前沿的敌人，并封锁了这股敌人沿下甘岭以西山谷撤退的道路。由于纵深阵地上的重机枪分队预先有准备，一阵猛烈的前打后堵，很快就把两个排的敌人全部干净地收拾完了。直到这时，

一直在敌前沿指挥战斗的敌人指挥官还没弄清我重机枪是从什么地方射击的，没有观察到我前沿阵地的部署情况。他们不甘心第一次行动的失败，继续组织小规模攻击，以便真正搞清楚志愿军在上甘岭的兵力部署。

5时20分，美军又以1个多排的兵力，在多挺机枪火力的掩护下，向我9号阵地发起攻击。同时，以韩军第17团1个多连的兵力，从下甘岭以北无名高地向我11号阵地侧翼实施攻击，以钳制我11号阵地的兵力，配合美军进攻。针对敌人这一攻击架势，连长命令0号、3号阵地的重机枪严密控制9号阵地前沿，不让敌人接近；集中连里的3门迫击炮狠狠打击韩军钳制分队。战斗持续不到5分钟，重机枪和迫击炮分队就将大部敌人击溃，一些来不及逃跑的敌人被前沿坚守分队一顿手榴弹全部送上了西天。

不到半个小时，敌人失去了1个多连的兵力，敌人气极了，便调集兵力，改变战术，企图依靠连续不断的小兵群攻击，把我前沿防守力量耗尽，然后乘机发起总攻，达到一举战役进攻的目的。

5时40分，美军利用我火炮少、纵深威胁不大以及地形隐蔽等

志愿军战士坚守上甘岭阵地，顽强抗击敌人的进攻

ZHONGWAIZHANZHENGCHUANQICONGSHU

条件，将约1个营的兵力开到597.9高地西南山谷，占领进攻出发阵地；以1个多连的兵力沿下甘岭以西山谷，进到距我7号阵地右下侧仅50米的岩石下隐蔽起来；以韩军约1个连的兵力占领下甘岭以北无名高地。看来，敌人是准备以小兵群战术，分别向我9号、7号、11号阵地进行轮番攻击。根据敌人的这一部署和企图，我9连指挥员决定：集中全力坚守597.9高地最高处的3号阵地，决不让敌人越过这一支撑点；同时，在9、7、11号阵地上，利用表面阵地的工事和地下坑道，与敌人反复争夺，把阵地当成肉磨子，不断消耗敌人有生力量，直到粉碎敌人的进攻企图。

根据这一决定，连长迅速将2排调到3号阵地，并给予迫击炮和重机枪火力的加强，随时准备抗击敌人的进攻。3号阵地有18米长的小坑道两条，并有坑道式的重机枪发射点和观察所。以1排接替3排坚守0号阵地，依托这个阵地上的两条14米长的小坑道，以及坑道式的轻重机枪隐蔽发射点、掩体等坚固工事，坚决粉碎敌人的进攻。以战斗力较强的3排坚守10、9、7号阵地，在10、9号阵地上，有14米长的小坑道各1条，7号阵地上有14米长的小坑道2条，并有坑道式的轻机枪隐蔽发射点2个，轻机枪掩体2个。以8连的两个班坚守11号阵地，利用阵地上一条9米长的坑道和地面上的2个坑道式轻机枪隐蔽发射点等工事，坚决抗击敌人进攻。同时，组织0、3、2号阵地上的轻重机枪，在10、9号阵地前沿和7、11号阵地前沿组成火力控制地带，以猛烈的火力支援前沿坚守分队的战斗；以连里的迫击炮排和配属战斗的迫击炮分队，集中拦阻从下甘岭以北无名高地进攻的敌人，要求支援9连战斗的2营的迫击炮随时支援9、10号阵地坚守分队的战斗。

各分队刚刚完成战斗准备，敌人的进攻就开始了，攻击行动大多是小群多路，来势猛、节奏快，一批接着一批。到6时，美军已对我9号阵地发起了从班到连共18次的连续冲击。坚守这一阵地的3排部分战士，利用靠近前沿阵地的坑道和坚固工事做掩护，根

据敌人进攻的兵力数量，每次组织以 3 至 5 人的战斗小组抗击敌人。战斗中，采取慢出洞、快出击、速返回的方法，粉碎了敌人一次又一次的攻击。通常当敌人对我阵地炮击时，他们隐蔽在工事内观察敌人的动静；当敌人接近我前沿阵地时，便迅速从坑道内冲出来，在行进间向敌人投掷手榴弹、进行短停顿射击，给敌人以突然猛烈的打击；当敌人被消灭或击退后，便迅速撤退到坚固工事内，以防敌军火力报复。

在 10 号阵地上加强 3 排指挥的副指导员秦庚午，全面负责 9、10、7 号阵地的指挥。当 9 号阵地人员有伤亡时，他迅速从 10 号阵地调出一个战斗小组，增援 9 号阵地战斗。战斗激烈时，敌人曾一度突入我 9、10 号阵地相连接的交通壕，秦副指导员及时指挥 9、10 号阵地的坚守分队从两侧反击敌人，指挥 7 号阵地的机枪火力，利用居高临下的地形优势，以侧射火力打击敌人，很快解除了险情，全歼突入之敌，稳定了防御态势。

在我阵地正面进攻的美军遭到惨败后，6 时 20 分，紧接着又集中了 1 个营的兵力，在 4 辆坦克支援下，从下甘岭迂回到我 11 号阵地西侧，并在 200 多名韩军的配合下，向 11 号阵地发起攻击。敌人欺我无反坦克能力，将坦克开到我阵前 30 米处向我阵地开火。在 2 号阵地上指挥 11 号、2 号和 8 号阵地战斗的 8 连 1 排排长杨振江，综合分析了当时敌情后认为，眼前威胁我 11 号阵地稳定的主要是敌坦克和美军的进攻，只有消灭这股敌人，才能粉碎敌人的进攻企图。为此，他命令 11 号阵地上的一挺重机枪封锁韩军的攻击方向，阻止其冲击；以前沿坚守分队从正面抗击美军坦克和进攻队形，以 1 门 57 毫米口径的无后坐力炮和 2 具 90 毫米的火箭筒，占领 11 号阵地的小坑道口附近的坚固工事，从两翼打击敌坦克；以迫击炮和位于 2 号、8 号阵地上的轻、重机枪等武器，利用有利地形，支援 11 号阵地战斗，打击躲藏在坦克后面的美军，割裂他们与敌人步兵坦克的联系。同时，命令坚守 2 号阵地前沿的战斗小组

长陈忠勇带领 2 名战士，携带反坦克手雷，在前沿防守分队的掩护下，迂回到敌人翼侧，寻机炸毁敌坦克。

陈忠勇按照排长的指示，带领反坦克小组，从西北向东南方向，沿着山脊线东侧崎岖不平的小路，一会儿低姿跃进，一会儿匍匐前进，很快接近了美军靠近东侧的头一辆坦克侧翼。此时，这辆坦克正停在那里，伸着长长的炮筒子，不停地向 11 号阵地射击。陈忠勇顾不得喘口气，命令 2 名战士迅速卧倒监视敌人，自己挎着冲锋枪，提着反坦克手雷，一个箭步从面向我方的一侧跳到敌坦克上去，利用坦克炮塔的遮蔽处仔细地观察着下手的地方，可找来找去，就是找不着一个合适的部位。他气急了，下决心与这个乌龟壳比试比试。于是他用手中的反坦克手雷使劲地敲击坦克驾驶舱的顶盖，好像在警告坦克里的敌人：你们如果不赶紧出来投降，就将面临灭顶之灾！"咚！咚！咚！"刺耳的敲击声，使坦克内的敌人感到情况不妙，立即停止了炮击，突然加大油门，快速前突，又迅猛后倒，最后来了一个原地 360 度打转，同时急转炮塔，企图通过急促猛烈的晃动，把志愿军战士甩下来，压成肉泥。而这时的陈忠勇像武松打虎一般，武松骑在老虎身上，老虎使出了它那一扑、一掀、一剪的三招，而此时的敌坦克却使出了前突、后倒、打转、转炮塔四招，他骑在敌坦克上不论坦克怎样晃动，他都用左手死死地抓住炮塔上的把手不放，右手紧握反坦克手雷不停地使劲敲击炮塔的顶盖，其节奏随着坦克的转动更加急促，嘴里不停地骂着："龟孙子，今天非叫你们尝一尝志愿军的厉害不可！"敌坦克这四招来回折腾了几次，连坦克里面的敌人都受不了了，实在没有办法，只好停了下来。"吱啦"一声，他脚边上的驾驶舱顶盖打开了，一双毛茸茸的手首先伸了出来，而后露出了整个身子。陈忠勇立即用冲锋枪命令敌坦克驾驶员从座舱里爬出来。在附近监视敌人的 1 名战士冲上来将敌人押到隐蔽处。坦克内一点声音也没有，陈忠勇看了看驾驶室，里面没有人，但听排长说过，这种大坦克里边能乘四五个人，

他们在什么地方呢？时间紧迫，他顾不得多想，反正他们也不会开，干脆来个省事的算了！他迅速打开两个反坦克手雷，塞进了驾驶室，并顺势跳了下来，随着"轰！轰！"的爆炸声，这辆不可一世的坦克永远失去了它刚才的神气，趴在那里一动不动了。很快，11号阵地上的无后座力炮和反坦克火箭击毁了美军的另一辆坦克。剩下的两辆坦克见大势不妙，便抛下后面的步兵和死伤的战友，来了一个180度的大转弯，一溜烟地向下甘岭以北的无名高地逃去。敌步兵失去了坦克的掩护，就像"砍了林子闪出狼来"一样，一下子暴露在我所有火力打击之下，一个个慌了神，不顾指挥官的威吓，一个劲地向后跑。敌人这次不可一世的进攻就这样被粉碎了。

6时40分，美军约1个连的兵力再次向我11号阵地西侧发起攻击，同时，韩军约2个连的兵力沿下甘岭以北无名高地，向11号阵地东侧发起攻击，企图东西夹击，一举夺占这个重要阵地。我坚守阵地的指挥员仍然采取以火力打击为主、兵力抗击为辅的战法，集中力量打强敌，以部分力量堵弱敌。当敌接近我阵地时，我11号、8号、2号阵地的重机枪、迫击炮等各种火力像雨点一样，一齐向美军的冲击队形泼去，短短的十几分钟，美军便死的死，伤的伤，溃不成军。在11号阵地东侧冲击的韩军发起了两次冲击，都被志愿军挡了回去，本来还想破釜沉舟，把残兵败将组织起来，发动一次大的攻击，但韩军一听阵地西面枪声已疏，想来美军可能已败下阵去，不必再去送死，便草草收兵，退回到下甘岭以北无名高地躲藏了起来。

战至7时30分，经过几个小时的连续激战，我阵地上的工事几乎全部被敌人的炮火摧毁，坚守人员伤亡严重，弹药消耗将尽，尤其是地处前沿的11号阵地，仅有战士杨德福一人没有负伤。而此时，由于敌人炮兵、航空兵对我纵深阵地实施严密的火力封锁，我营、团第二梯队无法向前沿阵地运动兵力；2号、3号和8号等阵地上的火力点，也被敌人密集的炮火所压制。在这种情况下，遭受敌人再次进攻的 11 号阵地坚守人员只好退守坑道。

8 时，坚守 2 号阵地的 8 连杨排长，决心乘敌人攻占 11 号阵地立足未稳之际，组织约 1 个班的兵力，对该阵地实施反冲击。但由于敌强我弱，又与退守坑道的战友中断联系，反冲击最终失利。

敌人拿下 11 号阵地，又阻挡了我反冲击后，认为我坚守部队已失去战斗能力，企图在短时间内迅速攻克 597.9 高地，为向纵深发展打开通道。因此，就在我反冲击分队向 2 号阵地撤退的同时，美、韩军队约 2 个连的兵力，沿 11 号阵地的东、西和正面，分三路对我 2 号阵地发起冲击。杨排长立即调整部署，指挥位于 2 号、8 号阵地的轻、重机枪，利用隐蔽发射点突然猛烈地打击敌人，给冲击之敌以致命打击。敌人在遭受重创后，不得不再次退回到冲击出发阵地。但不甘心失败的敌人，又于 9 时 30 分再次以约 3 个连的兵力发起攻击，坚守 2 号阵地的志愿军战士发扬英勇顽强的战斗精神，以自动步枪、手榴弹等轻武器与敌人展开近战，甚至是白刃格斗，战斗至 10 时 30 分，打退了敌人连续 8 次冲击。

虽然遭到一次又一次的失败，但输红了眼的敌人并不甘心，犹如赌场上的赌徒一样，赌注一次比一次大。11 时，敌人先是集中所有能够使用的各种火力，对 2 号、8 号等阵地实施毁灭性的火力打击，而后又以 200 余人的兵力，再次对 2 号阵地发起攻击。我坚守 2 号阵地的志愿军战士在与敌人一阵激战后，终因伤亡过大，被迫退守坑道，坚持战斗。2 号阵地有 28 米长的坑道 1 条，13 米长的小型坑道 3 条，地下防御工事比较全面。

敌人占领我 2 号阵地后，10 时 30 分，又利用我 8 号阵地防御兵力少、工事设施不全的弱点，依托 2 号阵地，以美军 1 个连的兵力向 8 号阵地发起攻击。我坚守 8 号阵地的 6 名志愿军战士与敌人展开浴血奋战，先后击退敌人 5 次冲击，杀伤美军数十人，但由于敌众我寡，野战阵地被敌占领，6 名战士只好退守到 3 条小坑道内，与敌人周旋。

坚守坑道战斗　死死拖住敌人

坑道工事有悠久的历史。中国汉朝就有了地道，宋代在抗金战争中已有了地道网。1936年建的法国马其诺防线中，筑有大量的坑道工事。第二次世界大战末期，日军为抵抗盟军进攻，事先在硫黄岛上挖掘了18公里的坑道。1945年2月，当美军发起硫黄岛战役并攻占其表面阵地后，日军依托坑道与美军周旋，并利用坑道组织夜间反击，使美军大伤脑筋，本来打算用5天时间占领该岛，硬是激战了36天，最后才啃下了这块骨头。当然，作为失道寡助、穷途末路的日军，再坚固的工事也不可能挽救其失败的命运。然而，在世界军事史上，坑道战最为成功、最为杰出的战例要数志愿军在抗美援朝战争中的上甘岭战役。

10月14日，即美军向上甘岭发起攻击的第一天下午5时，坚守前沿阵地的志愿军45师135团部分营连，在几乎没有炮兵支援的情况下，利用步兵武器和阵地工事，击退了敌人从排到营的数十次冲击，给敌人严重杀伤后，因伤亡过大，表面阵地大部分被敌人占领，遂即退守坑道作战。之后，坚守部队以坑道为依托，在机动部队的配合下，昼失夜占，与敌展开反复争夺表面阵地的战斗，打了很多漂亮的坑道反击战。10月21日以后，直到志愿军组织战役反击前，坚守部队又与敌人进行了顽强的坑道战，粉碎了敌人企图将志愿军消灭在坑道内的阴谋，为战役反击创造了有利条件。这里

选摘几个志愿军坚守坑道战斗的小故事，以飨读者。

组织起来，坚持下去

志愿军在敌人强大的进攻下被迫退守坑道，一时间每个坑道内都挤满了多个不同建制单位的人员，其中不少是重、轻伤员，而且坑道内缺少弹药、粮食、用水和药品，空气又十分浑浊。刚进坑道时，大家思想情绪极不稳定，秩序一片混乱。不少人都憋着一肚子气，想到敌人占领我表面阵地，站在自己头上耀武扬威，自己却躲在坑道里受气，怎么也想不通，都吵着要打出去，跟敌人拼个你死我活。面对这种局面，坑道内的各级干部和党员都主动地站出来，稳定大家的思想情绪，整顿组织，采取各种措施克服困难，组织大家与敌人开展坑道斗争。

如主峰下的1号坑道，先后有志愿军第15军45师134团2营和3营、军师团三级的警卫连，以及后勤的运输、担架人员等共16个单位100多人退守在此。洞内不仅人员多、物品杂，而且还有许多重伤员和烈士的遗体。134团2营教导员李安德和参谋长武振友等指挥员，以高度负责的精神，组织干部骨干成立了坑道临时党支部，召开党、团员会议，统一大家的思想，而后又召开军人大会，鼓舞大家的士气。他告诉大家，坚守坑道一样是战斗，而且是一项艰巨的战斗任务，只要把敌人拖住、扭住，为后方调整作战部署、准备进行决定性反击赢得时间，就是最大的胜利。在此基础上，他又与各单位领导一起，将坑道内的所有人员统一编成有着光荣历史传统的134团8连，并临时任命了连长、指导员和所有骨干人员，使坑道内的人员又形成了建制齐全、组织严密的战斗集体。在李安德等指挥员的指挥下，1号坑道内的干部战士很快行动起来，重新构筑坑道口，整理坑道卫生和秩序。他们把坑道的右边留出来行走，将子弹和手榴弹等装备器材靠左边墙根摆好，战士们按照新编

的班排，有条不紊地进行战斗准备。

在 2 号阵地的坑道内，主要是来自 134 团 4 连、5 连和 135 团 9 连的一些干部战士。134 团 4 连指导员赵毛臣、5 连连长杨金钧和 135 团 9 连副连长苗怀志三人一合计，三个连编成了一个战斗连，并成立了坑道党支部，由赵指导员任支部书记，重新展开了新的战斗。

在靠近前沿的一个坑道中，先后有十三、四个连队的干部战士在前几次反击战斗中与本单位失去联系后，零零星星地聚在这里。由于单位多，又没有统一的指挥，坑道内的秩序特别混乱。有的说："走！咱们出去反击，那些家伙都是右倾！"那边的一个战士站出来叫着："谁是右倾？"有的则出来调解，说："大家要冷静点，这打仗不是打扑克，得有人指挥。"步话员小李年龄小，又说不出多少道理，但看到几十号人在这里没有作为，心里特别着急，只好向团指挥所联系，要求迅速派一名干部来指挥他们。某营参谋长王在邦受命到这一坑道指挥战斗。当他突破敌人火力封锁，出现在前沿坑道时，战士们沸腾了。他们纷纷挤到王参谋长周围，要求参加战斗，打出去，消灭敌人，为死去的战友报仇。王参谋长很快对坑道内的所有人员进行摸底，并逐一登记，首先将重伤员统一安排在背敌方向的坑道另一出口附近，并让一名战士照顾他们；而后将能打仗的 24 人编成 4 个班，包括三个战斗班和一个由轻伤员组成的守备班。经过他这么一组织，坑道内的气氛变了，刚成立的各个班分别凑在一起，各班长向战士们了解情况，布置任务，组织擦枪和整理装备，大家有说有笑，先前吵架和情绪过激的现象没有了。

依托坑道，与敌斗争

自从志愿军第 45 师的坚守分队退守坑道后，美国鬼子就集中一切力量围攻我坚守坑道的部队，企图在短时间内彻底夺占我阵

志愿军战士依托坑道与敌人展开激烈战斗

地。他们相继实施了筑堡封锁、石土堵塞、轰炸爆破、断绝水源、施放毒剂和烟熏等多种手段破坏我坑道口，围困我坚守部队。与此同时，我坚守坑道部队在纵深火力的支援下，针对敌人的破坏行动，以针锋相对的各种反制措施，与敌人展开了顽强的坑道战。在这场斗争中，我军歼敌 4700 余人，制止了敌人的扩张，争取了时间，取得了经验，为战役反击创造了条件。

一是坚守坑道口，粉碎敌火力封锁。为炸毁志愿军的坑道口，敌人不断以火炮和飞机投掷炸弹轰炸坑道口，一些坑道口被炸得塌进去几米深，本来向外平伸的坑道口，成了朝天的井口，不仅出入不方便，而且人在里面连气都透不过来。同时，敌人还在坑道口附近构筑地堡，向坑道内投掷手榴弹、炸药包，企图以火力封锁坑道口。为了对付敌人的火力封锁，坚守坑道的部队每天组织人员冒着敌人的炮火向外挖土，修复坑道口，扫清射界，以火力打击接近之敌。不少干部战士还研究出一些防敌火力封锁的新招。如在洞口里修筑一个胸墙，在胸墙外再挖一道壕沟，这样，不仅可以挡住敌人投掷来的爆炸物，还可以作为机枪射击依托。还有的在坑道口里挖个井，敌人投掷来的手榴弹、炸药包都滚到井里去了，让它在井里爆炸，伤不着坑道内的人员。当敌人向洞口扔毒气弹时，战士们就

45

坑道坚守分队充分发扬军事民主，研究作战方案

用毛巾浇上尿，捂在鼻子上，坚持与敌人战斗。

二是里外配合，消灭封锁之敌。上甘岭的一些坑道相距不远，而且坑道与坑道之间可以相互支援。同时，我纵深炮兵战前都对阵地的主要位置进行了试射，掌握了各种射击数据，战斗中，可以根据坑道内人员的火力呼唤，对敌人实施准确的火力打击。因此，在坚守坑道的反封锁作战中，坑道内的志愿军多次以火力相互支援，或呼唤上级炮兵火力打击封锁我坑道的敌人。一天，位于1号坑道的8连副连长张纪平正在指挥战士们抢修洞口，忽然发现约一个连的敌人正在围攻0号坑道。0号坑道距1号坑道只有300多米，围攻之敌的背后完全暴露给8连，张副连长立即命令1班长在洞口架起机枪从敌人的背后猛烈射击。敌人猝不及防，死伤一片，解除了敌人对0号坑道的威胁。但1号坑道的火力打击激怒了敌人，美军一架F—51强击机立即朝着1号坑道口俯冲过来，先是扫射，后是投弹，紧跟着重机枪、无后座力炮开始向1号坑道射击，打得洞口烟尘滚滚，山石乱飞，不一会敌人百余名步兵也围了过来。张副连长站在洞口，指挥战士们端着机枪还击敌人。可坑道口狭小，射界很窄，站在洞口里边看不见敌人，站在洞口外边，又遭到敌人的射击，已有四五名战士伤亡。教导员李安德在洞口观察了一阵，转过身子叫了声："传步话机员上来！"话音刚落，一个年轻的小战士身背步话机，左手抓着弯在胸前的天线，右手拿着送话器，立即出现在教导员跟前。李教导员指着洞外喊到："快，直接要炮兵群，朝洞口上下左右开炮，越快越好！"步话机员根据教导员的指示，立即呼叫："张庄！张庄！我是李庄！我是李庄！苍蝇蚊子爬到门口了，快来扫扫！"不到两分钟，一阵接一阵的炮弹，从五圣山前后呼啸而来，炮弹准确地在敌群中爆炸，炸得敌人前倒后翻，没死的便抱头鼠窜，一场反封锁战斗胜利结束了。

三是主动出击，积极打破敌封锁。敌人破坏坑道口的阴谋被粉碎后，又在坑道附近修筑地堡，企图在火力的配合下把志愿军封锁在坑道内。为此，志愿军利用下半夜敌人疲劳的时机，偷袭敌地堡，不仅大量消耗了敌人的有生力量，而且有效地保护了坑道的安

志愿军战士在坑道口向敌人射击

全。在与敌人的反封锁斗争中，一些指挥员考虑到老是这样被动地对付敌人的封锁不是办法，如果敌人使用毒气、喷火器等更加毒辣凶恶的手段，不仅不好对付，还可能造成很大的人员伤亡。因此，必须打出去，主动地出击敌人，把紧张推向敌人一方。同时，在与敌人几天的短兵相接战斗中，志愿军也逐步摸索到了敌人的一些行动规律和特点。如135团2营参谋长张广生在21日晚上组织2个战斗小组袭击敌地堡时发现，夜间，敌人将机枪标定在我坑道口方向，在机枪扳机上拴根绳子，然后躺在睡袋里听到动静或不定时地拉动扳机，盲目射击。针对这些情况，坚守坑道的志愿军各分队大胆地开展了出击行动。10月23日，坚守597.9高地1号坑道的134团8连，依托坑道一度攻克了1号阵地，全歼守敌，而后又配合135团4连一度攻占了3号阵地。坚守北山坑道的133团，从21日起，每天晚上都以4个班至4个排的兵力，连续袭击占领表面阵地的敌人。28日，133团以5、6连各一个排的兵力对占领表面阵地的敌人实施反冲击，全部恢复了北山的防御阵地，在给敌人以重大杀伤后，于30日17时，又主动退守坑道。同时，从21日至28日，我纵深部队先后利用夜间对占领的表面阵地进行了6次反击，每次反击成功后，都对坚守坑道的部队进行轮换、抢救伤员和补充物资器材，从而有力地粉碎了敌人对坑道的封锁。同时，也使敌人尝到了志愿军的厉害。美军第7师在战后总结中承认：夜间是志愿军的天下，月亮是中国人的月亮。一到夜晚美军士兵就心惊胆战，只有

八连连长李保成在坑道内教新战士使用武器

借助照明弹壮胆。难怪我侦察兵常常在步话机里听到敌人绝望的叫喊："童男（指美军或韩军）被童女（指志愿军）包围了，老太太（指救援部队）赶快来吧，处女要来结婚（指志愿军要来攻击），灯（指照明弹、探照灯）好好照一下。"但敌人害怕夜战、害怕伤亡，即使有再多的救援部队和照明弹也照样挽救不了其失败的命运。

艰苦环境，凝聚深情

坑道内不仅缺少空气、阳光、饮水和活动空间，而且在敌人的严密封锁下，生活十分艰苦，缺少食品、缺少用水、缺少药品。有的坑道几天吃不上东西、喝不上水，因为缺水，每个人的嘴上都起了一层白泡，有的嘴唇裂开了血缝，有的喉咙肿起了大疙瘩，吃饼干时一喘气就打呛，干燥的碎屑末就从鼻孔里往外钻。有的渴得实在没法就悄悄地喝尿，大家还风趣地将它称为"光荣茶"。然而，在这种艰难困苦的环境下，大家仍然情绪高昂，意志坚定，想尽一切办法克服困难，并表现出深厚的战友感情。当时在上甘岭战役中到处传颂着"十七壶水""一个苹果"和"一心救伤病员的好卫生员——陈振安"等感人故事，战后出版的《志愿军一日》《上甘岭大战》等书籍和电影《上甘岭》中都作了详细介绍。这里仅给大家讲一讲一个苹果的故事。

一天，战士刘明生在为坚守坑道的 7 连运送弹药途中捡到一个苹果，看着青里透红、散发着诱人香味的大苹果，这个只有 17 岁大、刚离开家乡不久、一生中没吃上几个苹果的"兵娃子"，想到坑道里的战友比自己更需要它，便咽了咽口水，把它擦得干干净净后放在口袋里。他几次遭敌炮火袭击，爬起来后总先摸一摸口袋里的苹果还在不在。单薄的身体，沉重的弹药，危险的敌情，硝烟和尘土使他的喉咙干得要冒火，身体几乎要虚脱，这时如果能啃上一口苹果，就可以解除口渴和疲劳。他几次将苹果拿出来，但最后又

将苹果放进口袋，硬是咬着牙，坚持到了 7 连坚守的坑道。在坑道口见到了正在观察情况的连长张计法，他便摸出这个擦得光溜溜的苹果塞给连长。没等张连长问话，他便说："这是在半路上捡的，连长你嗓子哑了，吃了润润喉咙好指挥打仗。"

张连长看着这个十几岁的娃娃兵，再看看他满身的泥土、衣服上多处撕开的口子和那干裂的嘴唇，心疼地说："你们运输很辛苦，还是你吃了它吧。"

刘明生看着张连长那憔悴的面容，平生第一次说了假话："不，我在路上可以喝凉水。"

连长明白，在来前沿阵地的两公里路上，是找不到一滴水的。为了能让坑道内的战友尝尝苹果，宁愿自己吃苦而撒谎，这是多么可爱的战士啊！

连长感到再推让也是多余的了，但这个苹果给谁吃呢？

对，步话员李新民要不停地向上级报告情况，嗓子早已干得冒火，喉咙已经发肿，可还在不停嘶哑地呼叫着。连长想这个苹果应该给步话员吃。

李新民好奇地打量着这个苹果，一边寻思对策，看看周围的人，又看看睡在洞子里的伤员蓝发保，于是接过苹果转手递给了蓝发保。蓝发保是连长的通讯员，在一次执行任务时被炮弹打断右腿，睡在里面养伤，可很少听到他呻吟，现在已经憔悴不堪。当他拿起这个诱人的苹果正准备吃时，忽然又放下，他发现原来只有一个苹果。他想到连长同样好几天没有喝一口水了，而且还要指挥打仗，带领全连战斗，不管别人怎样劝说，蓝发保说什么也不吃，硬是把苹果还给了连长。连长只好递给司号员，司号员立刻给了身旁的卫生员，卫生员又交给了蓝发保。最后，苹果转了一圈还是回到了连长手里。

连长知道，再这样传下去是没有结果的，环境越艰苦，任务越艰巨，战士就越关心自己的首长，关心自己的战友。他不吃，其他

人也决不会吃。于是决定，全连八个人共同来吃这个来之不易的苹果。

为了吃这个苹果，连长没想到也需要进行一次"战斗"动员，他用沙哑的声音说："同志们，我们要夺回阵地，要赶走敌人，对这个苹果就要像对付美国鬼子一样把它消灭掉。"连长原想借机调节一下周围的气氛，可大家谁也不吭声。

连长不得不再逼近一步，"严厉"地说道："都过来，一人吃一口，谁不吃，就是不服从命令。"

连长说完张开大口，轻轻地咬了一下递给李新民，他也学着连长的样子，把苹果放到嘴边，轻轻咬了一小口然后交给身旁的胡景才。就这样，苹果转了一个圈后还剩下大半个。

别说一个，此时此刻就是一麻袋同志们也能吃光。

连长深深理解此时战士们的心情，还想再命令大家把苹果吃掉，忽然觉得坑道内异常寂静。借着昏暗的光线，连长看见李新民的面颊上已闪动着晶莹的泪珠，其他每个战士也都用手在擦拭眼睛。连长被这种阶级友爱的关怀深深感动着，被这种纯真的战友情深深感动着。他为有这样的战士而自豪，为有这样的军队而骄傲，顿时一种必胜的信念、一种英雄的豪情激荡在全身。

胜利不属于这样的部队还会属于谁呢？

黄继光堵枪眼　显现伟大精神

正义而壮烈的战争，必然造就光荣而伟大的英雄。

上甘岭战役打响后不久，敌我双方迅速投入较大的兵力，围绕597.9高地和北山展开了反复争夺。阵地在双方军队的手里得而复失，失而复得，战斗打得十分残酷激烈。

1952年10月16～17日，美军以步兵第32团、17团、31团共8个营的兵力在强大的航空兵和炮兵火力支援下，一次又一次对两个高地轮番发动攻击。志愿军45师依托阵地上的表面工事和坑道顽强坚守，并以积极的反冲击粉碎了敌人的数次进攻。

18日12时，美军第17团等终于依仗其数倍于志愿军的兵力和火力，占领了志愿军防守的597.9高地的0、1、3、4、5、6号阵地，志愿军坚守部队随即退守坑道，依托坑道继续打击敌人。

负责上甘岭地区作战指挥的志愿军第15军军长秦基伟是一个铮铮铁骨的硬汉子，在国内战争中从未打过败仗。今天，面对敌人的疯狂进攻，他哪能咽下"在太岁爷头上动土"的气，况且0、1、3、4号阵地位于597.9高地主峰右后侧，是一条蜿蜒起伏的千米山梁，直通597.9高地，它的失守对主阵地防御将会造成极为不利的影响。因此，他果断地命令45师将战斗力很强的5个"拳头"连队全部拉上去，依托菊亭岘和448高地，对进攻之敌实施坚决反击，夺回失去的阵地。

19日17时30分，2个"喀秋莎"火箭炮营和103门山炮、野炮和榴弹炮突然向敌人发出了惊天动地的怒吼，铺天盖地的炮弹雨点似的倾泻到敌人的阵地上。经过充分准备的志愿军官兵，沿着一层层不断向敌纵深延伸的炮火，向敌人占领的阵地发起了勇猛的反击。

由于反击部队事先秘密潜入反击阵地附近的坑道内，因此，反击距离近，冲击速度快，个个如同猛虎扑食，在炮火延伸的瞬间，即冲到敌人阵前。此时，活下来的敌人还没从炮火打击的震撼中苏醒过来，便被志愿军的步枪、手榴弹火力结束了生命。

激战至20日1时，志愿军一口气收复了6、5、4号3处阵地，歼敌5个连，眼看被敌人占领的所有阵地就要全部夺回来了。但就在这个节骨眼上，135团6连已夺占的0号阵地上的敌火力点突然复活了。敌人共3挺重机枪和4挺轻机枪，有的利用弹坑，有的隐蔽在残缺不全的地堡内，疯狂地向6连攻击队形扫射，6连被敌人的火力压制得不能前进。

此时，天已蒙蒙亮。如果在天亮前不能结束战斗，敌人又将依托占领的阵地，在飞机、大炮的掩护下向我发起更为猛烈的反击，那样，我反击的战果就会丧失殆尽，官兵们的鲜血就会白流。

面对严峻的形势，135团2营参谋长张广生带着上级首长的命令，跑步赶到6连指挥地点，对连长万福来说："0号阵地是通向主峰的最后一个台阶，团长、师长都打来电话催问了！8连、4连都上去了。要是天亮前拿不下来，就会影响整个反击行动！必须继续组织力量爆破！"随后，又跟万连长一起仔细研究行动方案。

这时，6连仅剩下16人了，而且只有9人是战斗人员。

为了确保爆破成功，张参谋长和万连长将9名有战斗经验的骨干人员编成3个战斗小组，而且规定了3个小组协同动作，采取冲击与火力掩护相结合的方法，实施爆破行动。即第一组爆破时，由第二、三小组以火力掩护他们，并把二、三小组分别配置在冲击路

线的两侧有利地形上。

起初，在第二、第三小组火力的吸引下，第一组隐蔽接敌比较顺利，但当距敌火力点还有几十米时，敌人发现了他们，几挺机枪的火力一下子集中到他们周围，第一组的3名同志先后牺牲在敌火力点附近。第二组前仆后继，紧跟着冲了上去，但也全都倒在敌人的火力网下。第三组也英勇地倒了下去。

几次爆破都未能成功，敌人的火力点仍然疯狂地吐着火舌。

为按时完成任务，万福来连长和指导员冯玉庆争先恐后地向参谋长请战，请求派他们去炸掉敌人的火力点。但都被张参谋长拒绝了。他严厉地说："不行，你们是指挥员，要负责指挥战斗！"

此时，担任张参谋长通信员的黄继光，一直跟在参谋长的身边，对当前的严峻形势看在眼里、急在心里。当连长、指导员争着执行爆破任务时，他挺身而出：

"参谋长，把爆破任务交给我吧！"

黄继光，四川中江县人，1931年出生在一个苦难的家庭里，从小受尽地主的剥削和压迫，是共产党解放了他。他个子不高，圆圆的脸，看上去还有点孩子气。然而，这时他已经是一名具有爱国主义、国际主义觉悟的革命战士了。

入朝参战不久，由于工作热情积极，战斗中机智勇敢，黄继光光荣地加入了中国共产主义青年团。

1952年10月14日，即黄继光调到营部当通信员的第八天，上甘岭战役打响了。那时部队通信手段少，器材落后，很大一部分命令和文书要靠通信员徒步上呈下达。因此，营部的几个通信员日夜在敌炮火下送信、传达命令、接电话线。黄继光连续4天4夜是在敌火力封锁线上度过的。

一次他随参谋长张广生到前线勘察地形，了解敌情。正当张参谋长举着望远镜全神贯注地观察战场情况时，突然一颗炮弹在他们不远处爆炸，黄继光一边大叫着"卧倒！"一边把张广生拉倒，并

扑到他身上，用自己的身体保护首长的安全。

张参谋长了解自己的通信员，他相信黄继光一定能够完成任务。

营、连首长商量后，当即任命黄继光为6连"功臣第6班"班长，带领6连连部的吴三羊、肖登良两名通信员，组成爆破小组，继续完成爆破任务。

黄继光和吴三羊、肖登良每人提着一支冲锋枪，腰间各插着两枚反坦克手榴弹，整装待发。营、连首长认真地检查了他们携带的武器弹药；指导员还特意把他们准备留下来的抗美援朝战争纪念章给他们戴好，并嘱咐他们："行动中不仅要勇敢，更要灵活，祝你们成功！"

黄继光望着营、连首长坚定地说："让祖国人民听我们胜利的消息吧！"然后带着吴三羊、肖登良向敌人的火力点爬去。

张参谋长望着黄继光的背影，自言自语："他们一定会胜利的！"他回过头来对连长万福来说："你们要注意掩护，并随时报告情况，我去组织人员增援你们。"说着转身向后爬去。

黄继光带领两名战友成三角队形，利用敌人照明弹一明一暗的时机，巧妙地向敌人的火力点接近。他们一会像箭一样曲身快跑，一会低姿匍匐，一会伏在地上一动不动。

前面，敌人的机枪还在不停地射击，曳光弹不断地在他们身边呼啸着飞过，他们毫不畏惧，依然不停地前进着。

距敌人火力点只有30米了，敌人发现了他们，几挺机枪的火力一下集中到他们周围。

三位英雄机动灵活地躲过了敌人雨点似的子弹，距敌人第一个火力点越来越近了，爬在最前面的吴三羊突然跃起，将一颗反坦克手榴弹投向正在一个炮弹坑内射击的敌人，"轰"的一声巨响，两个敌人和一挺机枪飞向天空，旁边的几个敌人见状，丢下机枪仓皇逃跑。黄继光眼疾手快，一梭子弹把逃跑的敌人送上了西天。

正当他们继续前进时，突然前方不远处敌人一个地堡里的机枪又"哒、哒、哒……"地叫了起来。冲在最前面的吴三羊躲避不及，头部中弹，壮烈牺牲。肖登良也负伤了，黄继光的左臂被敌人的子弹打穿了两个洞。

这时，从后面赶上来的指导员冯玉庆迅速占领射击位置，以机枪火力还击敌人，支援他们战斗。

黄继光爬到吴三羊身边，将烈士安放好；然后又将肖登良抱到附近的一个弹坑内，从自己身上撕下一块军衣为他包扎好伤口，并对肖登良说："你在这里等着，后边的人会抬你下去。"说完，忍着剧痛，提着反坦克手榴弹，怒视着敌人的地堡，继续朝敌人的火力点爬去。

这是敌人的最后一个地堡，它依托半截防空洞，四周用麻袋装土围成，位置较高，不便于实施爆破。

距敌地堡还有 10 米、9 米……，黄继光突然一个鲤鱼打挺，猛然翻身，跳进一个距敌地堡只有六七米远的弹坑中。

敌人发现黄继光后，雨点似的子弹顿时向弹坑射来，就在他准备将反坦克手榴弹投向敌地堡的瞬间，敌人的一梭子子弹打中了他的胸部，黄继光又倒了下去。

敌人机枪嘶哑的干嚎把黄继光惊醒了。望着不断向外喷火的暗堡，黄继光怒火燃烧，忘记了剧烈的伤痛，使出最大的力气将反坦克手榴弹向敌地堡掷去。

"轰"的一声，敌人的地堡炸垮了半边，机枪哑巴了。黄继光再次昏倒在地。

万连长趁着敌人火力中断的瞬间，带着连队所有的人员和张参谋长刚刚调来的援兵，向山头发起了冲击。可是没冲出几步，敌人的机枪又响了起来，一些战友一下子倒在山梁上。

在这万分危急的关键时刻，火光中，营、连首长突然发现黄继光猛地从地上跃起，像猛虎一样，张开有力的臂膀，迎着敌人射来

的子弹，扑向敌人的机枪射孔。这位伟大的战士，用他那已多处负伤的身躯，死死地堵住了敌人的枪眼，地堡里的敌人吓呆了，狂吼的机枪顿时哑巴了。

后面的部队，利用黄继光用生命换来的这一宝贵时机，像离弦的箭一样，踏着黄继光爬行的道路，吼着"为黄继光报仇！"的口号，以一串串复仇的子弹和雨点式的手榴弹，掀翻了敌人的据点，冲上了0号阵地，为反击部队夺取主峰打开了前进的道路。

为表彰黄继光英勇献身的伟大精神和不朽功勋，志愿军司令员彭德怀发布命令，为黄继光追记特等功一次，并授予"特级英雄"称号。志愿军第15军党委追认他为中国共产党党员。朝鲜民主主义人民共和国最高人民会议常务委员会追认黄继光为"朝鲜民主主义人民共和国英雄"称号，并授予金星奖章和一级国旗勋章。

战后，黄继光的名字和英雄事迹被铭刻在上甘岭后面的五圣山山顶，以留给人民永远怀念和瞻仰。

黄继光的故乡四川省中江县为英雄铸造了铜像，并将他的家乡石马乡改名为继光乡。

然而，这位伟大的英雄牺牲后，在照片和名字上出现了不少趣闻。

志愿军特级英雄、特等功臣黄继光

原来，黄继光一生没照过相，上甘岭战役牺牲后，部队要召开庆功大会，要向全国宣传黄继光的英勇事迹，没有遗像总是个遗憾。于是上级首长把各级会画画的人都找来了，让黄继光的战友介绍黄继光的模样，"画家们"画像。黄继光的战友们七嘴八舌，边说边比量，"画家们"个个全神贯注，边画边修改。前前后后，不知画了多少张纸，知情人只记得大的改动至少有 30 多次，直到黄继光的战友们认为："像！"画像的任务才算结束。但这个画像只在部队内部开庆功会时用过几次，没有公开发表。

志愿军回国后，北京的画家认真采访了黄继光的母亲、弟弟以及和他一起长大的乡亲，参考部队的画像，最后完成了现在大家见到的这幅黄继光头像，它也是全国唯一的一张珍贵画像。

黄继光的名字说起来更加复杂。黄继光牺牲后，135 团政治处主任冯振业立即将英雄的事迹用电话报给师政治部值班室。很快，黄继光的名字就出现在 45 师编印的特号捷报上。之后，师战地记者刘云魁专门写了一篇反映黄继光事迹的通讯《五圣山上的普通一兵》，刊登在 10 月 29 日 15 军政治部出版的《战场》报上。当时，正在前线采访的新华社记者石峰，在从五圣山发给新华社的电讯中也用了"黄继光"这个名字。

过了不久，一些了解熟悉黄继光烈士情况的地方传出，黄继光实际上叫黄继广。名字虽然只是人的一个符号，但如果真的把英雄的名字搞错了，怎么对得起英雄的在天之灵。由于当时黄继光所在分队的人员大多数都牺牲了，黄继光也没有留下写有自己名字的遗物，无法证实哪个名字是正确的。

1954 年，刚刚参加完第一届全国人民代表大会的黄继光的母亲邓芳芝，特意到 45 师看望部队。期间部队领导认真地向她老人家询问黄继光的名字，邓妈妈笑着说："过去有时写黄继光，有时也写黄继广，这两个名字都好！"

几十年过去了，1990 年的一期《幸福》杂志上，又重新提起

黄继光的名字问题。这篇署名文章指出："从黄继光所在部队得知：黄继光不叫黄继光，而叫黄际广。黄继光牺牲后，一位前线部队的通讯员去采访，七嘴八舌提供情况的战士，有广西的，有福建的，普通话讲不准，加上战斗紧张，采访匆忙，通讯员把黄际广听成了黄继光。"

对于这篇文章的准确程度无从考证，但在战争的特殊环境中，确实常常会出现一些意想不到的情况。有多少战士牺牲后连名字也没有留下，成为无名烈士；又有多少英雄在开了追悼会之后，却又奇迹般地出现在人世间。黄继光的连长万福来就曾被宣布为光荣"牺牲"，并开过"追悼会"，但后来当了师参谋长。从这一角度来看，名字显得并不那么重要，重要的是他的人品、胸怀和理想。

黄继光这一伟大的名字和他那壮烈的事迹是在伟大的抗美援朝战争中诞生的，他已成为中朝人民以及全世界爱好和平的人们心中一座永远的丰碑。这一伟大的名字，多少年来激励着无数人们去学习、工作，为人类和平和民族解放事业而奋斗不息。

历史将永记黄继光这一伟大的名字！黄继光烈士的献身精神永垂不朽！

英雄排长孙占元 果断指挥战群敌

1952年10月14日，我志愿军第45师135团根据上级命令，向白天刚占领我表面阵地的美、韩军队发起反击行动。孙占元所在的7连担负恢复597.9高地2号阵地的任务，17时30分，他们按照预先制定的作战计划，沿597.9高地下的山沟，顺着6号、5号、4号阵地，隐蔽进入0号阵地的大坑道，占领冲击出发阵地，并进一步做好反击准备。

19时整，我炮兵部队集中火力对敌实施5分钟火力急袭，突然猛烈的炮火将敌人刚构筑的一些简易工事掀了个底朝天，正在里面庆祝白天胜利的美国鬼子顿时鬼哭狼嚎，死的死、伤的伤，四处逃窜。就在我炮兵火力向纵深延伸的瞬间，位于坑道口的7连连长李石锁，向待命冲击的部队果断地下达了"出击"的命令。全连干部战士如离弦的箭，向2号阵地扑去。

就在7连向攻击目标接近的途中，突然遭到敌地堡火力点的阻击，部队被压在一个洼地里。李连长借着敌人不断发射的照明弹的亮光，发现敌人在山梁上修筑了不少地堡。原来，敌人早有准备，占领阵地后，迅速运来一些小钢轨和铁板，并用麻袋装上沙土，利用地形构筑了很多地堡。当时，我炮兵数量少，口径小，难以摧毁这些较坚固的地堡。面对敌人凶猛的火力，李连长与指导员林文贵商量后决定，调整部署，先清除这些拦路虎，边打边前进。随即，命令1排在左，2排在右，沿谷地两侧向山脊冲击，打掉敌地堡，尽快接近2号阵地。按照连长的命令，1、2排迅速展开战斗队形，密切配合行动，1排钳制吸引敌地堡火力时，2排组织力量对地堡实施爆破，2排钳制时1排爆破。由于组织得力，7连很快摧毁了敌人的4个地堡。可就在部队快要到达2号阵地时，突然，2号阵地左前方百多米处的11号阵地上发出猛烈的机枪火力，与2号阵地的地堡火力相互支援，对我反击部队构成严重威胁。面对这突如其来的情况，李连长果断地命令："1排继续向左前方出击，消灭11号阵地之敌，掩护2排行动；2排加快行进速度，从正面夺取2号阵地。"话音刚落，从11号阵地上飞来一串子弹，击中了李连长的头部，连长当场倒在血泊中。林指导员强忍着悲痛宣布：1排长刘俊清代替连长指挥战斗，继续执行连长下达的命令。1排长指挥战士端掉了敌人两个地堡，就在准备攻打11号阵地最后一个地堡时，敌人一颗子弹打中了刘排长的胸膛。刘排长牺牲后，林指导员又宣布由2排长孙占元代理连长进行指挥。他对孙占元说："要狠狠地打击美国佬！迅速拿下2号阵地，为牺牲的战友报仇！"

孙占元，这位1946年2月从河南林县参加解放军、1948年2月加入中国共产党的老战士，先后打过淮海战役、渡江战役、两广作战和进军大西南等战役，因作战勇敢，曾五次立功，可谓是转战南北，经历过多次激烈的战斗，可很少遇到像今天这样残酷的场面。战友的牺牲，敌人的嚣张，使他气得两眼通红，眼珠子瞪得快要鼓了出来。他向指导员说了声："请党组织放心，我一定完成任务。"转身便消失在浓烈的硝烟之中。

此时，2排由于途中多次与敌交战，人员伤亡很大，到达2号阵地时，全排能战斗的不到10人。可当他们攻上2号阵地前沿时，纵深又出现了3个大火力点，这些火力点修筑在2号阵地的坑道上面，每个火力点有三四挺机枪，还有火焰喷射器、无后座力炮和火箭筒等。

敌人看到志愿军攻了上来，为了阻止我地面反击部队与坑道内部队会合，便迅速调整火力，以两个火力点分别封锁控制坑道的两个出口，以一个火力点拦阻 2 排的冲击路线。3 个地堡中的 10 多挺机枪像泼水一样地射击着，密如雨点般的子弹在坑道口和山梁上打起了一片片土花。孙占元命令部队立即卧倒，做好爆破准备，自己则仔细地观察敌情、地形，思考着爆破人员如何接近敌人。这时，身后突然又响起了密集的枪声。

原来，正当 2 排向前攻击时，敌人利用我第二梯队还没有跟上来的空隙，以约两个连的兵力分两路对 2 排实施包抄，企图前后夹击，消灭我攻击部队，情况十分危险。看着越来越近的合围之敌，孙排长镇定自如，他认为：地堡内的敌人虽然火力猛烈，但不敢放弃依托，是死敌；而合围之敌兵力大，机动性强，是当前最危险的敌人。必须抢占有利地形，先机制敌，只有消灭了这股敌人，才能保证我消灭 2 号阵地之敌。想到这里，孙排长命令一个战斗小组监视正面的敌火力点，主要力量沿高地两侧的有利地形迎击包抄之敌。战士们根据排长的命令，向来敌突然发起猛烈冲击，一阵猛冲猛打，把麻痹轻敌的合围之敌冲散打乱了，并消灭了部分有生力量，解除了后顾之忧。但就在孙占元排长带领战士冲击的时候，一串子弹将他的两条腿打断了。赶跑了敌人后，战士们不顾一切抢救排长，用急救包为排长包扎伤口。排长挣扎着坐起来，以命令的口吻对大家说："不要管我，易才学你带领万长安、饶松亭快去消灭敌火力点，我来掩护你们。"

易才学坚持要把排长送到后方去抢救，但他知道排长的脾气，在这种时候他是不会后退的，只能执行排长的命令，想办法赶紧把敌人地堡炸掉，才是对排长的最大安慰。

易才学他们带着仅有的 3 颗手雷、6 颗手榴弹和 1 挺没有脚架的重机枪，利用土坎掩护，从敌地堡左侧隐蔽地接近敌人。但就在快要接近地堡时，敌人发现了他们，地堡内的各种武器一齐向他们射击，打得地下本来被炮弹炸松了的尘土掀起了一堵土墙，无法靠近敌人。易才学环顾左右，脑子一转，何不利用敌人的弹幕作掩护，绕到敌地堡的后方去，从后方实施爆破。他们刚到达敌侧后，孙占元的机枪也响了，一串串子弹好像长了眼睛，不停地从敌地堡射孔钻到敌地堡内，打得敌人成了哑巴。易才学战斗小组利用这一难得的瞬间，一跃而上，将正在"咝咝"作响的手榴弹一起投进敌地堡，然后一个翻身跳跃，在地堡不远的土坎后卧倒。随着3颗手榴弹同时"轰"地一声，敌地堡炸开了一个天窗，敌人一个加强班全部上了西天，同时炸毁了敌人1挺重机枪、3挺轻机枪、2门60迫击炮。

这时，敌人剩下的两个地堡拼命地向易才学小组和孙占元占领的方向射击。孙排长为了更好地掩护爆破小组的行动，拖着两条伤断的腿，冒着敌人密集的子弹，爬到刚炸毁的敌地堡附近，利用缴获的两挺机枪轮番向敌地堡内射击，吸引敌火力。易才学他们再次被排长的坚强毅力和顽强精神所感动，他们发扬连续作战的精神，开始向左侧的敌地堡发起攻击。可在接近敌地堡途中，两名战士被敌炮火击伤，经过自救互救后，第二次接近敌人时又被敌火力拦阻。两次爆破失败后，易才学仔细地观察眼前的地形、敌火力的射击特点，决定改变掩护方向，命令万长安从正面射击敌地堡，吸引敌火力，自己带领饶松亭从左右两侧接近敌人，这次行动终于成功了，敌人的第二个地堡被炸掉了，又消灭了敌人一个加强班，并炸毁了敌轻、重机枪6挺，火箭筒1具。

剩下敌人的最后一个地堡，构筑在一个四五米高的山崖上，不仅地形陡峭很难攀登，而且火力封锁严密，很难接近，易才学确实犯难了。正在他感到无路可走之时，排长的机枪又响了起来，敌人的火力一下子被吸引了过去。易才学趁着敌人火力减弱的时机，不顾一切地向山崖上爬，一直爬到敌地堡侧后，果断地采取前面爆破的方法，使用最后的两颗手雷，将敌人的最后一个地堡炸毁了，这

个地堡内有敌军官一名、防守兵力两个班，以及重机枪 2 挺、轻机枪 4 挺和火箭筒 1 具。至此，易才学他们在排长的掩护下，端掉了 2 号阵地上所有的敌地堡。

敌人不甘心在 2 号阵地上的失败，就在 2 排刚刚消灭表面阵地之敌时，美军接着组织了一个多连的兵力对我进攻部队实施反扑。原来在侧后掩护爆破的孙占元，此时处在抗击反扑之敌的前沿，他挣扎着爬到被炸毁的第二个地堡内，利用从敌地堡中缴获的机枪和子弹，向反扑之敌猛烈射击，一人连续射击了 1300 多发子弹；易才学为了减轻排长的压力，冒着敌人密集的子弹，抱着没有脚架的机枪，从 2 号阵地的东侧猛烈地扫射敌人，与排长构成交叉火力，消灭了一伙伙扑上来的敌人。但由于敌众我寡，约 20 多名敌人从侧翼冲到孙占元附近，企图抓孙占元作俘虏，到上头去领功请赏。孙占元看着围上来的敌人，面不改色心不跳，在敌人争先恐后地扑上来的瞬间，拉响了身上的手雷，与敌人同归于尽。孙占元牺牲后，战士们在他身边发现了 8 个被炸得面目全非的鬼子，身子下边还压着一个被手雷崩烂的敌人。

随后，7 连后续部队跟了上来，全连在一片为"为孙占元排长报仇！"的口号声中，向 2 号阵地上的残余之敌发起最后攻击，在坑道中的 8 连部分人员也从坑道中冲向山头。反扑之敌被彻底消灭了，2 号阵地又回到了志愿军的手里。

"瞎子背拐子" 共同血战到底

在北山反击战斗中，出现了一个"瞎子背拐子"、顽强坚守阵地的动人故事。故事发生在志愿军第 15 军 29 师 87 团 5 连，主人公是 3 排 9 班副班长薛志高和战士王合良。

1952 年 11 月 4 日晚，当担负支援作战任务的敌人对北山实施疯狂反击时，87 团 5 连受命增援 1、2、3、7 号阵地，消灭反击之敌。

1 号阵地位于北山最北侧，夺占这个阵地后，可以顺山梁向前攻击，直取 2、3、7 号阵地。

连长命令 3 排担任突击队，首先夺占 1 号阵地，然后向纵深进攻。薛志高和王合良所在的 9 班担任了突击队的尖刀班。全排秘密占领冲击出发阵地后，从东、北、西三面向刚刚占领阵地的敌人突然发起冲击。9 班位于敌阵地正面，冲击发起后，他们向敌纵深猛打猛冲，敌人被打得晕头转向，不少敌人死在他们的枪口下。战斗中，班长不幸牺牲，副班长薛志高立即指挥全班继续战斗，在其他两个班的配合下全歼守敌 1 个排。

之后，3 排如猛虎扑食一般迅速向 2 号阵地出击，歼灭该阵地之敌 28 名。当薛志高带领全班冲在突击队前面，向 3 号阵地接近时，突然遭到敌人雨点般的炮火阻拦，两名战士当场中弹身亡，薛志高被敌炮弹炸断了双腿，不能行动，身边的战士将他背到一个隐

蔽的地方。做了简单包扎后，薛志高坚持让那名战士背着他向3号阵地前进，但那名战士发现副班长伤得太重，便安慰他说："副班长，你先在这里休息，等打完仗我再来背你下去。"说完便迅速向3号阵地冲去。就在薛志高被炸的同时，战士王合良的眼睛也被弹片打瞎了，他自己做了包扎，但眼前什么也看不见了。这时，连队早已在前面与敌人打响了。王合良一边呼叫联络，一边咬着牙，忍着巨大的疼痛向前爬去。

薛志高听到王合良的声音，便使劲地叫他，王合良听到是副班长的叫声，高兴极了，便使出最大的力气朝薛志高爬去，在一块大石头边，他俩会合了，虽然是刚刚分别，却是那样的激动和亲切。

王合良急切地问："副班长，你伤在那里？伤得怎么样？"

薛志高轻松地说："腿被炸坏了！"

说话的同时，薛志高急忙用手摸着王合良包扎的眼睛，询问伤势情况。

最后，薛志高问王合良："你还能坚持战斗吗？"

王合良坚定地说："能！我就是为了想到前面去，才跟你联系的。"

看到王合良坚强的意志，更坚定了薛志高继续参加战斗的决心，他与王合良商量："你能不能背着我，我给你指路，咱们一起到前面去？"王合良愉快地答应了他的要求。就这样，双目失明的王合良背着不能行走的薛志高，薛志高给看不见路的王合良指着方向，两人忍着难以想像的伤痛，终于爬上了3号阵地。

当薛志高和王合良到达3号阵地时，阵地上空无一人。原来，连队夺回3号阵地后，连长考虑到3号阵地距7号阵地较近，现在连里能战斗的人员只剩下20多人，先集中力量攻下7号阵地，再来增援3号阵地的防守力量。因此，在3号阵地上，只留下了一个小组坚守阵地。但没想到敌人的反击来得如此之快，连队在攻打7号阵地的时候，敌人一个多班的兵力即向3号阵地发起了反击，在

薛志高和王合良还未到达3号阵地前，坚守3号阵地的人员与反击之敌发生了激战，最后，阵地上仅剩下的一名战士与反冲击之敌同归于尽。

薛志高和王合良上来后，为了迅速做好抗击敌人的准备，王合良背着薛志高在阵地的各个角落寻找弹药，并将找到的弹药分别放在敌人可能反击的几个前沿阵地上，一切准备妥当之后，他们在一个靠近前沿的堑壕里隐蔽了下来。

不久，敌人开始对3号阵地实施火力急袭，炮火刚停，薛志高发现敌人约一个排的兵力从西南方向向3号阵地接近。他赶紧让王合良背着他往这一方向运动，在占领西南方向的前沿堑壕阵地后，他俩商量：敌人距离远的时候，由薛志高用冲锋枪打，敌人靠近了，他俩就用手榴弹一起打。

敌人端着枪，顺着山坡往山上冲，50米、30米，阵地上仍然静悄悄的，敌人以为志愿军被他们打光了，胆子大了起来，有的将枪提着、有的干脆背着枪，撅着屁股向上爬。敌人距前沿阵地只有20多米了，薛志高突然端起冲锋枪向敌群猛烈射击，冲击之敌被打得措手不及，死伤一片。薛志高射击时，王合良就在堑壕里给冲锋枪弹匣内压子弹。敌人虽然遭到打击，但还是一个劲地向上冲。剩下的十几个敌人，已推进到距前沿阵地只有十几米远了，王合良根据密集的枪声，判断敌人离他们的阵地不远了，他抓起手榴弹根据薛志高指示的方向和位置，向敌人中间投了过去，手榴弹炸倒了三、四个敌人，薛志高高兴地喊了起来："打中了！打中了!"在薛志高的鼓励下，王合良连续向敌人投了七、八枚手榴弹，薛志高不断地给王合良指示目标，自己也不停地向敌人扔手榴弹，在他俩的共同打击下，敌人一个排的兵力全部报销在3号阵地前。

就这样，敌人从哪个方向冲上来，王合良就背着薛志高在那个方向打击敌人，敌人在哪方向出现，薛志高就由王合良驮到那个方向打击敌人，他们在3号阵地上反复与敌人战斗，打退了敌人多次

反扑。伤痛的折磨，体力的消耗，使王合良已无力背着薛志高走动了，他就咬牙驮着薛志高向前爬行；长时间的战斗和因双腿流血过多，使薛志高已经连扔手榴弹的力气都没有了，他就用冲锋枪消灭敌人，最后终于倒在王合良的背上牺牲了。

正当王合良为失去战友而无限悲痛的时刻，5连攻占了7号阵地，连长除组织打扫战场、迅速做好抗击敌人反击外，赶紧派出两个战斗小组来增援3号阵地的战斗。

王合良听到7号阵地上枪声停了，一会又听到有人从7号阵地方向走来。王合良朝着来人方向高声问："什么人？"等弄明白是本排的张班长带人来增援时，王合良简直不相信自己的耳朵，不知从哪里来的力量，使他从地上爬了起来，朝增援人员的方向摸去。

王合良紧紧地同战友们拥抱在一起，像是遇到了久别的亲人一样。

张班长看着阵地前躺着的几十具横七竖八的敌尸和刚刚牺牲的薛志高，望着阵地上留下的一道道爬行的痕迹和痕迹中渗透着的血迹，抱着倒在怀里的王合良，知道了3号阵地上刚才发生的一切。

战后，为表彰薛志高和王合良英勇顽强、坚韧不拔的战斗作风，志愿军领导机关给薛志高追记特等功，并授予"二级战斗英雄"称号；同时，给王合良记特等功，并授予"二级战斗英雄"称号。

一时间，"瞎子背拐子"顽强战斗的故事传遍了上甘岭，传遍了整个朝鲜战场，激励着志愿军忘我地与敌人英勇战斗。

小兵群作战旗开得胜　英雄部队威震上甘岭

在上甘岭战役中，中国人民志愿军第12军31师91团奉命接替第15军45师135团的防御，坚守597.9高地。在战斗中，他们发扬小兵群作战的战术思想，坚守阵地20余天，歼敌2500余人，涌现出蔡兴海、王成万、朱有光、胡修道等一大批威震敌胆的英雄功臣，为上甘岭战役增添了精彩的一笔。

王近山点将　91团打先锋

进攻上甘岭之敌，在我志愿军第15军的顽强抗击之下，虽然伤亡惨重，仍不肯罢手。他们一面采取各种手段，围攻我坑道坚守部队，一面对其参战部队进行调整补充，并将韩第9师调到金化附近，准备实施更大规模的进攻。

1952年10月20日，志愿军第3兵团代理司令员王近山根据志愿军首长的指示，决定将刚从一线阵地撤出的正向休整地域开进的第12军调往五圣山地区，作为战役预备队，视情况投入战斗。

第12军军长曾绍山对本军所属部队赴上甘岭参战非常重视。早在指挥金城防御战时，他就了解到第15军在上甘岭地区打得十分艰苦，第12军的部队参加上甘岭战役虽然隶属于第15军，但是

由于与友军协同作战，这参战后的第一仗既直接关系着整个战役全局的成败，又代表着第 12 军的形象，很显然，这是一场不公开的比赛。因此，落实兵团首长指示的首要任务就是要选好将。那么，派哪一支部队去打头阵呢？当王近山就这一问题征求曾绍山的意见时，"91 团！"曾绍山毫不犹豫地答道。

91 团是红军时期建立起来的老部队，参加过长征。抗日战争时期是著名的 385 旅 769 团，被李达司令员誉为太行山的"主力""拳头"。解放战争中打过不少硬仗、恶仗。入朝参战后，在第五次战役第 2 阶段，该团孤军深入，穿插至敌人后方纵深，歼灭前堵后追之敌，胜利转移，从而享誉整个朝鲜战场。91 团团长叫李长生，山西人，太原中学毕业，曾在延安抗大参谋队学习过。别看只有中学文凭，可在第 12 军的几个团长中，他的文化程度最高。用一位作家的话来说："有文化打起仗来就不一样，知识可以使人在战争中保持理性，头脑清醒，应变自如。"因此，派李长生这个团打头阵，从兵团到师里都比较满意。

接到参加上甘岭战役的号令之后，李长生立即命令全团后队变前队，调转方向向五圣山地区开进。听说要参加上甘岭战役，部队更是群情振奋，是啊，刚从金城防御阵地上下来，仗打得正在兴头上，现在听到上甘岭方向传来隆隆的炮声，怎不让人摩拳擦掌、跃跃欲试呢？一路上战士们的情绪如同开水沸腾了，《歼敌大竞赛》的歌声此起彼伏。口号声、歌声、拉歌声回荡在崇山峻岭之间。

由于政委要参加上级的政治理论学习，指挥这次战斗的任务就落在了李长生一个人身上。到达集结地域后，李长生立即让通信股长把电话架上，以便及时接收上级的指示。

任务来了。10 月 21 日上午，清脆的电话铃声响起，李长生迅速拿起电话筒，听筒里传来一个熟悉的声音："李团长吗？"电话是 31 师政委刘瑄打过来的。

"李团长，有你们的戏唱了，你马上到军部去，曾军长要亲自

向你团布置任务。"

"是！我马上就去！"李长生抑制不住内心的激动。军长直接向团长布置任务，"绝对是一场重头戏"！

李长生风尘仆仆地赶到军部时，已是午后。在一个简陋的作战研究室里，军长曾绍山正面对着一幅1：10万的地图研究作战方案。大战之前，必审地图，这已经是他长期作战养成的习惯。

"报告军长！91团团长李长生前来报告！"李长生"啪"地行了个军礼。

曾绍山上下打量了李长生一番。虽然是初次见面，但曾绍山已经看出李长生那溢于言表的勇于接受任务、敢于胜利的决心，曾绍山就喜欢他这种自信。

"这次支援上甘岭作战，军里决定让你们团打头阵，我想听一听你对这次作战的看法。"

其实，在来军部的路上，对于即将担负的任务，李长生就已经猜个八九不离十了，对此他早有思想准备。

"根据金城防御作战的经验，我认为，在朝鲜这样的山地进行坚守防御作战，对付炮火强步兵弱的敌人，应采取'小兵群'战术。敌人上一个排只用一个人顶，敌人上一个连，用一个组打，充分发挥手榴弹、手雷、爆破筒的作用，兵力上以少胜多，火力上以多胜少……"

曾绍山回答说："对，这次作战就是要争取以小的代价夺取大的胜利！"真是英雄所见略同。

接着，曾绍山就上甘岭战役的基本情况、上级的基本意图以及打好这一仗的要求等一些细节问题向李长生做了具体的交待。最后，他语重心长地说："你们91团是一个有着光荣传统的红军团，入朝后在第五次战役和金城防御作战中都表现得很出色，这次参加上甘岭战役你们是代表第12军去的。第15军的秦基伟军长也点名要你们团去，秦军长在太行山时就了解你们这支'拳头'部队。你

71

们去了一定要打好，一定要当好军的代表队。"

面对军长的期望，李长生也毫不含糊，当场表态："请首长放心，我们一定以实际行动为军增光！"

众志成城　精心准备

李长生从军部返回驻地时天已经黑了。军情紧急，他随便吃了点饭，就立即召集团里的几位领导召开团党委扩大会，传达作战任务和军首长"坚决打好这一仗，当好 12 军代表队，为 12 军争光"的重要指示。在会上，大家也纷纷发言，表示一定打好上甘岭这一仗，决不辜负上级的期望！会议决定，由李长生带领部分干部到阵地上进行现场勘察、了解情况；部队由团政治处主任王靖海带领进行思想政治教育和战前练兵。

开完党委扩大会之后，李长生来不及休息，立即带着 2 名营长、4 名连长、8 名排长及司、政、后机关的几名人员乘坐师里的一辆卡车直奔五圣山而去。一到阵地，这个山西硬汉子就感觉到，摆在他们面前的将是一场硬仗、恶仗、苦仗。美军第 7 师和南朝鲜军第 2 师，已连续 10 天向我发动了多批次、大密度的进攻，虽遭我部队英勇抗击，伤亡惨重，但进攻势头没有丝毫减弱的迹象。李长生暗自思忖："这次进攻总是容易些，大炮一轰，部队就上，可上去能不能守住，却是个难题。特别是如何坚守表面阵地的问题，如果仍然猫在坑道里，虽然可以保存有生力量，但显然与上级的作战意图不符。"为此，李长生要求营、连、排长都到阵地的最前沿去，"营到营、连到连、排到排。既要虚心学习友军的作战经验，也要注意了解教训，两方面的情况都清楚了，这场仗才好打！"

两天后，李长生把大家集中起来，在阵地上召开了一个诸葛亮会。透过同志们闪闪发光的眼神，看得出对于如何打赢这场仗大家心里已经基本有谱了。

"看了两天，大家心中都有点数了吧？现在请大家把了解的情况、有什么想法都谈谈。"

李长生的语音未落，大家就七嘴八舌地讨论起来。

"15军的弟兄们打得的确十分顽强，他们之所以能坚持这么长时间，我看关键还是依靠英勇顽强、不怕牺牲的战斗精神！"3营长首先开了腔。

"从我了解的情况来看，我们眼前的敌人与我们在金城地区遇到的大不相同，在金城，美军最难对付，韩军一击即溃，而在上甘岭，无论是美军还是韩军都很能打，是两块难啃的硬骨头！轻敌乃兵家之大忌，我们不可大意。"二营营长补充道。

"张连长，谈谈你的看法！"望着蹲在一旁一直没有发言的8连连长张林书，李长生点将道。8连是91团的"拳头连"队，享誉全军的"小兵群战术"就是根据该连2班的作战经验总结而成的。

"我认为打仗不能蛮干，得动脑子。"张林书发言之前，总爱来点理论作为开场白。"虽然上甘岭的地形与金城地区差不多，但敌人猖狂得多，火力也猛得多，根据我们在金城地区防御作战的经验，我认为对付敌人的'羊群'战术，还得采取'小兵群'战术。"

"怎么，张连长，你又卖弄你的'小兵群'战术了？"7连连长调侃道。

"张林书说得有道理，这次上甘岭作战，我们是要继续用'小兵群'战术来统一全团的作战指导思想，不过要根据当前的实际情况在原有的基础上进一步充实完善！"李长生充分肯定了张林书的意见。

"同志们看这样行不行？既然597.9高地地幅不大，不能展开太多的兵力，这次我们作战只摆一个连上去！"

"哎，张林书，不能老让你们吃肉，我们喝汤吧！怎么也得分给我们一点吧！"

"那么就一个连打一天！"

"好，每个连轮流上阵，看哪一个连队打得好，来个战场比赛！"

真是众人拾柴火焰高，大家你一言我一语，就这样，一个成熟的作战方案在阵地上产生了。李长生当场拍板："按照8、7、9、5、4连……的顺序上阵地。与当面之敌搞一个车轮大战。"

话说两头，就在李长生进行现场勘察了解情况的同时，部队的思想动员工作在团政治处主任王靖海的组织下，开展得热火朝天。刚开始，王靖海还真有点顾虑，部队是在动员休整、准备开往休整地的时候突然接受参战任务的，他担心少数同志的思想转不过弯来。谁知接到准备参战的号令以后，干部战士的参战热情立即就如火如荼地燃烧起来，决心书、求战书犹如雪片一般飞向团部，"打败美帝野心狼"，"消灭敌人，争取立功"的口号响彻整个驻地。当李长生带领勘察组返回驻地时，战士们脑袋中的休整思想早已无影无踪，取而代之全是如何杀敌、如何备战。

1952年10月25日，第15军首长召开作战会议，决定91团为反击597.9高地的预备队，如反击597.9高地成功，则由91团担任597.9高地的坚守任务，并定于10月31日晚反击597.9高地。

任务已基本明确，李长生立即召开全团干部大会布置工作。"时间就是胜利"。为了给下级腾出更多的时间用于作战准备，在会上，李长生没有讲任何客套话，直接切入正题，从干部分工到后勤保障，一气呵成。上面讲得明确简练、铿锵有力，下面听得是群情激奋、摩拳擦掌。

工作布置下去以后，可忙坏了这些营、连首长们，党委会、支委会、军人大会，一个接着一个，射击、投弹、爆破、班排战术演练搞得热火朝天。你还别说，经过这么翻来覆去的一折腾，无论是部队的士气还是作战能力都有了质的飞跃。尤其是刚刚补充进91团的200多名新兵，经过短短两天的"速成"训练，俨然已经成为具有丰富战斗经验的老兵了，实弹射击弹无虚发；笨重的莫洛托夫

手雷，一颗有两颗手榴弹重，在他们手里一出手就是三四十米，就连那些久经沙场的"老革命"看了之后也直咂舌头。

这几天，李长生也没有闲着。一有空，他就到各连去转悠，看看新兵训练，参加营连的作战会议，忙得不可开交。看到全团上下火热的练兵场面，对于打赢这场仗，李长生越来越自信，他在电话中向师政委报告"91团已做好了充分的战斗准备，如箭在弦，只等一声令下了"。

车轮大战　决战决胜

1952年10月30日午夜，随着两颗信号弹腾空而起，上甘岭阵地上火光骤起，兄弟部队的反击战打响了。李长生冒着敌人的空、炮火力封锁，带领团指挥所人员来到五圣山，密切注视战斗的发展情况，以便随时指挥部队投入战斗。就这样，91团拉开了12军参加上甘岭战役的序幕。

11月1日

清晨，兄弟部队反击597.9高地成功，并继续巩固阵地，抗击敌人的反扑。李长生判断：事先规定的反击任务打不成了，91团很有可能担负坚守防御任务。为了让部队提前有个心理准备，他立即要通了8连的电话："是张林书吗？情况有变化，你们要做好坚守防御的准备！"

接到团长从阵地上打来的电话以后，连长张林书、指导员刘怀珍处乱不惊，立即召开全连军人大会，再次进行动员，用友军反击成功的胜利鼓舞大家，把准备实施反击作战的思想和各项准备工作迅速转变到坚守阵地上来，突击完成坚守防御的准备。

14时许，李长生命令8连开始接敌。

从8连隐蔽的741高地到597.9高地，不过几千米的路程，但要穿过敌人数道炮火封锁线。在战前，李长生就向各连长提出要

求："不能让战士们牺牲在路上，要想尽一切办法把他们全部带到阵地上去，使人人都有杀敌立功的机会！"很显然，8连在这方面确实动了不少脑筋。他们把全连化整为零，以排为单位，分班逐次向前运动；班长在前带队，副班长断后负责前后联系；每人间隔50～60米，右胳膊上缠一条白毛巾，保持联络。由于组织指挥得当，沿途虽遭敌两次炮击，除一人伤亡外，全部安全到达阵地，开始接替3、9、10号等阵地的坚守任务。

8连顺利到达阵地的消息着实让李长生兴奋了半天，"能够把全连拉到阵地就成功了一半。"在此之前，有的连队运动上去要付出 $\frac{1}{3}$ 甚至 $\frac{2}{3}$ 人员伤亡的代价。

然而，张林书和刘怀珍在阵地上却犯了难，本来以为是别的部队守过的老阵地，应该有工事，结果一看什么工事也没有。经过长时间的炮火轰炸，岩石都成了粉末，连树都没有一棵是完整的，满山头都是一尺厚的虚土，根本无法构筑工事。

"没有坚固的工事做掩护，如何抗击敌人明天猛烈的进攻？"李长生立即向军里请求支援1000条麻袋，用麻袋装土又快又结实。

战争总是这样，设想得再周密，总有意想不到的情况突然出现在你的面前，这就是对指挥员的考验。1000条麻袋？平时一点准备也没有，一要就是急的，去哪里弄？战时异于平时，一切行动都是按秒来计算，办事效率特高。听说91团构筑工事需要麻袋，各单位没有一个推诿的，翻箱倒柜，都按时凑齐送到了阵地。

面对不断变化的情况，李长生表现得异常冷静，对于每一个问题，他都反复琢磨，通盘计划。考虑到8连上阵地后要熟悉地形，了解情况，进一步制定方案。他命令7连也到阵地上去，专门为8连抢修工事，晚上修好，天亮撤回。这样既可让8连干部集中精力进行战斗准备，养精蓄锐，以便迎接第二天的恶战，同时也让7连提前进入状态，以便接替8连战斗。经过一夜的奋战，到黎明前，

8连的防御部署全部落实到位，就等着敌人的进攻了。

11月2日

"'联合国军'被赶出三角形山"的新闻，当天晚上就通过无线电波传遍全球，世界舆论顿时为之大哗，汉城、东京和纽约的军界、政界人士大吃一惊。在东京第一大厦，"联合国军"总司令克拉克更是坐立不安。他拿起电话机，毫不客气地训斥美军第八集团军总司令范佛里特："我的朋友，你是怎么搞的?"此时的范佛里特已无言以对，挽回面子的唯一方式就是增加力量，调整部署，重新发起攻击。看来敌人要孤注一掷，赌到底了。

1时，天还没亮，急于报仇的范佛里特就迫不及待地命令炮兵对志愿军的阵地实施了长达4个小时的炮击，并出动飞机100余架次疯狂地轰炸、扫射我阵地前沿。对于敌人这种狂扔炮弹的做法，张林书早已司空见惯，他沉着地指挥各班，按照"小兵群"作战的要求，除留一名观察员在坑道外监视敌情外，其余全部进入防炮洞和坑道进行隐蔽。敌炮火过后，8连无一伤亡;但暴露的工事基本上无一幸免，可见敌炮火之猛烈。

9时，美第7师31团、空降187团、韩军第9师30团各以1个营的兵力，在空、炮火力的支援下，向我597.9高地发起了猛烈的进攻。

9时15分，战斗首先在6班坚守的3号阵地打响。紧接着9号阵地也发生了激烈的战斗。

为了减少伤亡，张林书采取了"添油"战术，除表面阵地留下少量人员监视敌人、依托工事坚守外;大部人员转入坑道，边打边补。这样既能保存有生力量，又利于达成长期坚守的目的。在险恶的形势面前，志愿军战士毫不畏惧，他们依托被炮火摧毁的工事和弹坑，使用冲锋枪、爆破筒、手榴弹等近战武器杀伤敌人。尤其是手榴弹成为勇士们最喜欢的杀敌武器。由于阵上覆盖了一尺厚的虚土，普通手榴弹扔过去，杀伤威力不大，最后全部使用一种叫莫洛

ZHONGWAIZHANZHENGCHUANQICONGSHU

托夫的苏制手雷,这家伙个大威力也大,一枚能顶两枚用,一炸就是一片。扔不动了,大家就顺着山坡往下推。

8连与敌浴血奋战至中午,连续击退敌人20多次进攻,阵地寸土未失,阵前敌尸成堆。但8连自身也有很大的伤亡,预备队早已投入战斗。

"看来,敌人是要拼下去了!"李长生估计敌人在下午还会发动一次大规模的进攻,便命令7连派出两个班支援8连战斗。

果然,大约在下午1时左右,敌开始集中炮火对597.9高地主峰实施更加猛烈的炮火袭击,并出动数十架飞机对4号、5号、6号阵地进行狂轰滥炸,坦克也抵近我阵地前沿,以火力支援步兵冲击。炮火过后,敌步兵约1个营的兵力成密集队形向我主峰阵地发起了更加猛烈的冲击。8连和7连1部在我强大的纵深炮火支援下,浴血奋战,将敌人最后1次冲击彻底粉碎。

在第一天的战斗中,坚守9号阵地的8连4班表现最为出色。9号阵地位于我防御阵地的最前沿,阵地上的工事几乎已全部被炸毁,仅剩半条坑道可以保存有生力量。班长负伤后,全班在副班长蔡兴海的指挥下,及时研究掌握敌人炮击和进攻的特点,适时以单兵或小组出洞打击。野战工事被摧毁了,他们就利用弹坑和石崖作战。运动时他们利用炮弹烟雾作掩护,遇到弹坑往里跳,遇到平地往前滚。敌人从一面冲上来他们就集中打,敌人多方向冲上来他们就分头打。蔡兴海还根据武器的不同性能,向新兵传授实战要领:爆破筒打从石崖方向冲上来和集团攻击的敌人;冲锋枪扫射中间的敌人;敌人卧倒时用手榴弹打空炸;对平地上的敌人用手雷打。由于战术得当,4班与敌人激战9小时,以轻伤3人的代价,打退了敌人排以上规模的冲击7次,毙伤敌400余名,创造了在坚守防御战斗中小兵群近战歼敌的光辉范例。

8连战斗到下午4时许,友邻阵地的一个班长气喘吁吁地跑过来求援。朱有光、王万成和李士芳三名勇士挺身而出,他们每人携

带七八枚手榴弹，手里还抓一根爆破筒。为了躲避炮弹，他们不断从一个弹坑跳到另一个弹坑。在增援的路上，李士芳身负重伤，朱有光、王万成把战友安顿好以后，毫不畏惧地继续前进。当朱有光、王万成穿过弹雨火网赶到友邻阵地时，一大群敌人已涌上了山头，正拿着红白旗往顶上插，朱有光一看急了，大喊一声："冲过去！"他和王万成一顿手榴弹将敌人炸退。在战斗中，一个弹片击中了朱有光的胸部，面对成群结队地涌上来的敌人，他忍着剧痛，举着一根爆破筒毅然向敌群扑去，拉响了手中的爆破筒。那声巨响还没有平息，王万成也操起爆破筒，冲向另一群敌人，与敌人同归于尽，使阵地转危为安。电影《英雄儿女》中的主人公王成的生活原型就是朱有光和王万成。

在这一天的战斗中，尽管敌军不间断地实施反扑，但由于志愿军勇士们的英勇善战，597.9高地坚如磐石，岿然不动。

18时，天刚刚透黑，敌人的进攻停止了。按照预定方案，李长生命令8连撤下来，把阵地交给7连，同时命令9连进入4号、5号、6号阵地坑道，负责坚守这3个阵地，并随时准备支援7连的战斗。

11月3日

敌人在11月2日惨遭失败之后，仍不死心。3日拂晓，天刚蒙蒙亮，敌人再次集中炮火对我597.9高地进行丧心病狂地轰击，为了诱我出工事、用炮火杀伤我有生力量，敌人玩弄起炮火假延伸时打时停的花招。7连指挥员及时识破了敌人的阴谋，在坑道中隐蔽不出，我志愿军人员伤亡不大。

10时，韩军第2师31团在强大的炮火掩护下，首先以1个营的兵力分两路向我9号、10号阵地发起攻击，7连分班逐次投入战斗，连续击退敌班排规模的冲击15次。

战至下午，虽然阵地寸土未失，但7连伤亡很大，预备队已用完了。7连连长手中已无可调遣之兵。李长生当即命令9连派兵

增援。

9连先派4个班上去，敌人一个冲击波过后，增援的力量损失大半。7连连长一看慌了，"守阵地，没兵咋行？"只有继续要人，营里尽量满足，不断派力量实施增援。就这样，3个小时内3营共向阵地上添了7个班的兵力。李长生急了，小兵群作战就是要以少抗多，如果阵地上人员密度过大，没有工事隐蔽，敌人炮击时就会增加不必要的伤亡，造成兵力的浪费。李团长马上命令1营参谋长陈廷玉到向上增援的必经之路——4号坑道去，"你到那里去把关，不能光听下面干部叫，要了解他们缺多少兵，伤亡1个补1个，缺两个补两个，需要多少补多少，一定要把住这个关，不能浪费兵力！"

一切部署完毕以后，李长生还是感到不放心，他要通了阵地上的电话，向7连连长交待，"一定要沉着冷静，不能敌人炮火一重，攻击一猛，有点伤亡，就向后面要增援，要知道自己缺多少兵，阵地工事能屯多少兵，想好了再要，要沉住气！"陈廷玉到达4号坑道后，很快把住了关。在以后的战斗中，既保证了守住阵地，又没有造成兵力的浪费。

这一天91团7连和9连一部共击退敌人大小规模的冲击35次，歼敌750多人。李长生于夜晚命令6连一部分兵力接替7连和9连在主峰防御。敌人为了扰乱我调整部署、进行工程作业和运输增援，借助飞机、探照灯和信号弹的强烈照明，不断对我进行炮击。

11月4日

"知彼知己，百战不殆"。在作战中了解敌情、掌握敌之行动规律，据以确定具体打法是李长生指挥作战的一个重要特点。经过两天的战斗，李长生已经基本摸透了敌人的攻击套路。李长生把敌人的进攻分为大攻和小攻，大攻的目的在于夺取阵地，兵力通常为1个连至1个营。如果是为了消耗我军或是为了抢救伤兵或搬尸体，敌人通常采取小攻的方式。小攻的兵力较少，一般不会超过一个排。敌人通常每天上午8时开始发动攻击，黄昏时收兵。全天攻击次数约为30次，主要以连以下规模的进攻为主，营规模的进攻通常上午、下午各1次，其中第一次进攻兵力最大，攻击最猛，只要挡住敌人的第一板斧，后面就好办一些。正是掌握了敌人的这些规律，使李长生指挥起来得心应手、应变自如。

当日4时，侦察员报告，敌人10余辆运兵车汇集在597.9高地正南方的一片杂树林里，正准备向我阵地实施攻击。

李长生立即找到军火箭炮团的段团长，"乘敌人集结时，咱们给他来个先下手为强，用你的大炮狠狠地轰它一家伙，怎么样？"

段团长说："干，我们的'卡秋莎'正憋得慌呢！"

一声令下，炮兵阵地上，数十门"卡秋莎"火箭炮一次齐射，几百枚火箭弹拖着长长的尾焰犹如长了眼睛一般呼啸着飞向敌人隐蔽集结的那片松树林。顿时，山谷轰鸣，地动山摇，一片火海，在炮弹的爆炸声中，不时传来敌人中弹后的鬼哭狼嚎声。这一炸打乱了敌人的攻击计划，当日，敌人到10时才开始炮击，12时才发起进攻，而且也丧失了往日那种疯狂逼人的气势，一遇我纵深炮火拦截，就吓得迅速缩了回去。直到天黑，敌人再也没有发动更大规模的进攻。

这一天成为91团上阵地后最轻松的一天。但李长生头上紧绷着的那根弦却始终没有放松。前沿阵地的观察员报告，敌人在阵前施放了大量的烟幕，车、炮、坦克的响声也很大，并有一部分步兵抵达我阵地前沿构筑工事。根据以上情况，李长生判断敌人正在调整部署，准备实施更大规模的进攻，"今日敌人虽无大动作，明日必做垂死挣扎"。实践证明，李长生的判断十分正确。

为了粉碎敌人新的更大规模的进攻，李长生迅速改变预先作战计划，命令6连全部进入主峰上的3号、9号、10号阵地和4号阵地；命令5连进入5号和6号阵地，同时不断提醒各连不能麻痹，

要准备打退敌人更加疯狂的反扑。

11月5日

经过一天的喘息，敌人又一次发动了攻击。这一天成为91团参战以来战斗最激烈的一天。

3时，敌人集中十余架飞机和上百门火炮，再加上数十辆坦克，向我阵地进行长时间的狂轰滥炸，我坚守分队突击构筑的地面工事全部被摧毁，连敌人遗弃的尸体也被炸飞或烧焦。

5时45分，敌"金化攻势"的预备队第9师30团、第2师32团各以1个营的兵力分两路向我3号、9号、10号阵地进攻，另1个连在我0号、4号阵地之间迂回，企图对我阵地进行分割，战况空前激烈。战斗至8时30分，6连已伤亡过半，已无法抗击敌人的波浪式进攻。李长生命令5连1、2排分批投入战斗，与6连协同作战，连续击退敌人十几次冲击。

11时，敌人增援两个营，在飞机、炮兵和坦克的支援下，继续向我阵地猛攻，又被击退。

11时30分，敌人再增加1个营向我实施多路进攻，李长生又令5连3排投入战斗。我防御分队在敌人强大兵力的连续猛攻下，伤亡不断增加，有的班排只剩下几个人，面对强大的敌人，他们斗志不减，愈战愈勇。他们巧妙地运用弹坑保护自己，灵活地采取小兵群战术，以冲锋枪、手榴弹、手雷和敌人实施近战，使敌人尸横遍野，夺占我阵地的企图始终不能得逞。

15时到16时，敌再次投入1个营的生力军，与其前梯队一起以密集队形向我阵地蜂拥而上，妄图一举攻占597.9高地。我6连和5连的勇士们发扬有我无敌、人在阵地在、誓与阵地共存亡的精神，充分发挥冲锋枪、手榴弹、手雷、爆破筒的威力，粉碎了敌人最后一次集团冲击。也就是在这次战斗中，美军一架低空支援步兵冲击的F—51强击机，与志愿军一枚弹道很低的炮弹相撞，创造了世界战争史上绝无仅有的地炮击落空中飞机的军事奇迹。

也许是被 91 团的战斗精神吓怕了，16 时左右，敌人便开始施放烟幕，拖着死尸草草收兵了。

是日，6 连和 5 连在炮火支援下共击退敌人大小规模的冲击 40 余次，毙伤敌 1000 余人，我也伤亡 214 人。其中，5 连新战士胡修道独自一人坚守 3 号阵地，歼敌 200 余人，成为著名的金星英雄。1953 年 1 月，志愿军领导机关为他记特等功，授予"一级英雄"称号，并荣获"朝鲜民主主义人民共和国英雄"称号，后来他担任某集团军副参谋长。

自 11 月 1 日黄昏 91 团踏上上甘岭 597.9 高地至 11 月 5 日傍晚打退敌人的最后一次进攻，这 4 天 4 夜是敌我争夺最紧张、最激烈的时间，是血与火交织的日日夜夜。尽管敌人使用了 6 个团次的兵力，在数百架次飞机、数百门大炮、数十辆坦克的支援下，对 597.9 高地发动了多批次、不间断的猖狂进攻，但在我 91 团勇士的英勇抗击下，不仅没能超越我阵地半步，反而在我阵前尸横千具，弃甲无数，主攻 597.9 高地的美国侵略军不得不沮丧地宣布："到此为止，联军在三角形山（即 597.9 高地）是被打败了！"从此，敌人望 597.9 高地而胆寒，直到上甘岭战役结束再没敢做出大的举动。

战后，李长生到第 3 兵团司令部汇报战斗情况，王近山对于 91 团的作战经验给予了充分的肯定，他说："对付敌人的'羊群战术'，还是'小兵群战术'好！"

ZHONGWAIZHANZHENGCHUANQICONGSHU

初生牛犊不怕虎　赢得金星美名扬

上甘岭战役进入第二阶段后，志愿军在坚守坑道斗争的同时，又积极为战役反击做准备。

为了打好战役反击战，第三兵团根据志愿军首长的指示，决定将刚从一线阵地撤出、正向休整地域开进的志愿军第12军调往上甘岭地区，作为战役预备队，随时准备投入战斗，配属志愿军第15军实施战役反击。

1952年10月30日21时，志愿军第15军以7个连的兵力在坚守坑道部队的配合下，对占领597.9高地的表面阵地之敌发起坚决反击，激战至31日夜，我军基本收复597.9高地的表面阵地，但也付出了很大的伤亡。

11月1日晚，志愿军第12军31师91团投入战斗，接替反击部队，坚守已夺占的阵地。

此时，被赶出597.9高地的敌人恼羞成怒，就在91团占领阵地不久，即出动大批飞机和火炮对刚刚丢失的几个阵地狂轰滥炸，然后以5个营的兵力，发起波浪式的连续攻击，企图重新夺回597.9高地。

我坚守分队在给敌人以大量杀伤的同时，一些连队出现严重伤亡。

11月5日凌晨，新兵胡修道与其他战友一道，随91团5连投入战斗。班长李锋带领他和滕士生负责防守 597.9 高地的 3 号阵地。3 号阵地是 597.9 高地主峰的一个阵地，它的右侧是 10 号阵地，前面是 9 号阵地，3 个阵地呈三角形。

平生第一次上战场的胡修道、滕士生好像怕自己被丢掉似的，班长走到那里，他们就跟到那里。班长李锋看到这种情况，一面鼓励他们：打起仗来，只要机智勇敢，就能保存自己，消灭敌人；一面解释说，大家如果都在一起，不仅目标大，容易造成伤亡，而且防御面积小，难以完成上级交给的战斗任务。几句话打消了他们的恐惧心理。然后，李班长又在阵地上，结合地形，教他们如何防炮，如何射击、投弹等具体方法，很快两名新战士心里踏实多了。

这里还要多说几句的是，整个朝鲜战争尤其是上甘岭战役，仗打得极为残酷激烈，每次战斗下来，双方伤亡非常严重，有时，一个连队剩不了几个人，为了连续作战，必须经常补充一些新兵。因此，志愿军各部队都很注意做好以老带新的工作，并总结了不少经验。

上甘岭战役中，一些连队提出：对新战士要做到"包带保打、边打边教"。91 团 8 连新战士李元万临阵发慌，投弹时，用右手拉弦，左手投掷，动作十分别扭，不仅投得近，效果不好，而且还容易误伤。老战士蔡兴海马上纠正他的动作，教他："沉住气，眼看准，单手投掷。"三句话既好记，又好操作。还是这个连队，炮排有个新战士叫刘兴华，他在从后方向前线运送弹药的途中，遇到敌人打炮不知道选择地形，常常在没有遮蔽的地形上卧倒，起不到防护的作用，炮火停止后也不敢走。副班长张西路就根据自己的经验，总结成顺口溜教他：眼望前方，注意地形，耳听炮声（听炮弹飞行声、爆炸声），跳卧弹坑，炮停再冲。由于这个连队以老带新的工作做得好，上甘岭战役中，全连 52 人立功，其中新战士就占了 10 人。

东方刚刚露出鱼肚，胡修道和滕士生各自来到班长指定的位

置，认真进行战斗准备。阵地已被敌人的炸弹翻了几遍，地面上的工事已经全部摧毁，山顶附近一块巨大的岩石成了他们惟一的防护工事。围绕着岩石，他们3人展开成一线部署。班长位于中间，胡修道和滕士生分别坚守两边阵地。

11月5日是美国总统大选的日子，敌人的进攻来得很早，也来得很猛。

"轰隆""轰隆"，一排排炮弹落地，掀起一根根巨大的烟柱，形成了一道道厚厚的烟墙。烟墙从前沿一直向山头推进，然后越过岩石，向山后延伸。

惊天动地的炮声还没走远，只见烟墙后面黑压压的人群正在向山顶移动。看来，美国政府为了为政客们拉选票，不惜以军人的生命为代价。

敌人距岩石阵地还有100米、50米，钢盔下那凹陷而凶狠的眼睛、高凸的大鼻子已清晰可见，班长还在沉着地等待着敌人。敌人离阵地只有30米了，班长喊了一声："打！"胡修道把早已攥了很久的爆破筒狠狠地掷向敌群，接着连续不停地扔手雷和手榴弹。

短短的几分钟，他们一人一个方向，一人一块阵地，利用居高临下的优势，以爆破筒、手雷、手榴弹和步枪射击，一阵猛打，阵前躺下了一大片尸体，敌人的第一次冲击被打退了。

班长表扬胡修道和腾士生打得好，并告诫他们要注意总结经验，不要轻敌。

就在两名新战士还沉浸在首次战斗胜利的兴奋中时，敌人的第二次进攻开始了。

敌人的一个机枪排借着炮火的掩护，首先占领了靠近3号阵地的两个突出部。炮火刚过，几挺机枪便吼叫起来，子弹像雨点一样落在3名战士的阵地前，溅起了漫天的尘土。敌人约两个排的兵力，呈扇形冲击队形，猫着腰向3号阵地逼近。

当冲击的敌人距他们3人的阵地只有20多米时，班长李锋利

用敌人后面的机枪无法射击的时机,大声喊道:"打!"并将一枚手雷狠狠地扔向敌群。胡修道和滕士生按照班长的事先部署,一个打左,一个打右,班长打中间,把敌人死死地卡在火力圈内,猛烈的火力打得敌人只有招架之功,没有还手之力,混乱之中敌人又丢下了几十具尸体。

不到3个小时,敌人连续发起的十几次冲锋都被他们3人打退了,阵地上留下了上百具尸体。

这时,9号阵地上坚守人员伤亡严重,而敌人的进攻一次比一次猛烈。连长命令班长李锋迅速赶到9号阵地,支援那里的战斗。临走时,班长指定胡修道担任小组长,要求他俩一定牢牢守住阵地,为5连争光。

班长一走,他们利用战斗间隙抓紧时间准备弹药,一排排揭开盖的手榴弹摆在身旁,准备随时让它们在敌群中开花。

不多久,敌人的重炮又开始射击了,爆炸的热浪一阵阵冲来,厚厚的尘土把他们埋在了下面。炮声刚停,胡修道第一个从尘土中钻出来,招呼滕士生:"准备战斗!"

胡修道学着班长的样子,十分沉着地指挥战斗。当敌人爬到阵地前二三十米时,胡修道大呼一声:"打!"他和滕士生抡起胳膊将手榴弹准确地投向敌人。在工事内,他俩一会儿射击,一会儿投弹,一会儿扔爆破筒。就这样,粉碎了敌人一次又一次的冲击。

接近中午时分,敌人又开始向3号阵地发射重型炮弹。一发炮弹在胡修道附近不远的地方爆炸,气浪险些把他抛起来,他全然不顾。敌人的炮火刚刚停止,他俩鱼贯式地从岩石下钻出来,迅速进入战斗位置。但令他们奇怪的是,这次敌人连影子都没有,按常规,敌人的炮火一延伸,敌人就会鼠群似的扑上来。

敌人在搞什么鬼把戏?

胡修道和滕士生仔细地观察着整个战场,他们突然发现在靠近3号阵地不远的10号阵地前面,黑压压的一片敌人正偷偷地向山腰

爬去。

然而，10号阵地却一点反应也没有，阵地上静悄悄的，除了炮弹爆炸的硝烟、残留的树桩、岩石和光秃秃的山包外，没有一个人影。

难道10号阵地上的战友都牺牲了？如果是这样，10号阵地就会被敌人占领，10号阵地一旦失守，3号、9号阵地都可能被敌占领。胡修道焦急地思索着，并继续仔细地搜索10号阵地的各个角落。

此时，敌人似乎已察觉到10号阵地的情况，决心要首先拿下这一阵地。敌炮兵在10号阵地周围的道路上实施了严密的火力封锁，使我后方的分队不能接近。进攻的敌人弄不清阵地上的情况，像蛆一样向上蠕动着，督战官在后面不停地叫喊着，甚至用枪托驱赶着他们。

时间一分一秒地过去了，10号阵地仍然没有一点动静，情况越来越危急。现在，即使连队从后方向阵地实施增援也来不及了。

时间就是生命！时间就是胜利！

胡修道咬了咬牙，果断地作出一个重大的决定。他对滕士生喊道："快，跟我到10号阵地去！"

滕士生这位憨厚之中透着几分机灵的小伙子，听到胡修道的命令，忽地从弹坑中跳出来，一手提着冲锋枪，一手拎着手雷，但刚跑几步就犹豫了。他对胡修道说："我们走了，3号阵地谁来守，万一敌人上来怎么办？"

滕士生的提醒使胡修道怔住了。是呀，如果敌人来一个调虎离山计，那时可能两个阵地一个也守不住。

就在左右为难之时，正好连部通信员上来了解战场情况。胡修道眼睛一亮，他连忙对通信员说："10号阵地情况危急，你暂时防守3号阵地，我们到10号阵地打退敌人进攻。"并告诉他："万一我们牺牲了，你就把这里的情况向连首长报告。"说完，便和滕士

生一起沿着山梁，向10号阵地冲去。

敌人发现了他们，密集的机枪子弹不停地射向他们。他俩利用地形做掩护，一会儿贴着地皮低姿匍匐，一会儿翻身跃进弹坑，一会又从这一弹坑跃到下一个弹坑。距山顶越来越近了，敌人的火力也越来越猛，子弹像流星一样，贴着头顶"嗖！嗖！"地飞过，他俩全然不顾。

爬在前面的胡修道在距山顶还有七八米时，一抬头，突然与敌人打了个照面。就在敌人打愣的一瞬间，预先有准备的胡修道先敌开火，一阵扫射，接着猛地跳进一个弹坑，向敌群甩去手雷。紧张的战斗使胡修道几乎消耗了全身力气，手雷在不远处爆炸了，前面的几个敌人被炸得尸体横飞，后面的敌人吓得丧魂落魄，赶紧向后跑。胡修道也被手雷巨大的爆炸声震昏了。

紧接着，滕士生从后面赶了上来，发现胡修道躺在弹坑里一动不动，便不顾一切地抱起胡修道，呼喊着："胡修道！胡修道！"

听到喊声，胡修道清醒了过来。他一把推开滕士生说："不要管我，打敌人要紧！"

看着快要爬到山顶的敌人，滕士生放下胡修道，提着手雷和手榴弹迅速向前跃出七八米，与敌人展开了殊死战斗。

此时的胡修道只觉得眼冒金花，全身疼痛难忍，一点都动不了。

然而，就在这时，上来的敌人越来越多，滕士生与敌人交战的枪声越来越急，手榴弹爆炸声越来越近。胡修道急了，他摸起

志愿军特等功臣、一级杀敌英雄、朝鲜民主主义人民共和国英雄胡修道

身边的一根爆破筒，使尽全身力气爬出弹坑，爬向山顶，看到钢盔下那满脸横肉的敌人，顿时怒火燃烧，他猛然跃起，将爆破筒投向敌群，敌人死伤一片，第一批上来的敌人终于被他俩消灭了。

他俩还没来得及喘口气，第二批敌人又密密麻麻地上来了。这时，阵地上已没有多少弹药了。胡修道要滕士生监视敌人，自己在附近搜集弹药。突然，一声声巨大的爆炸声在阵地前沿响起，敌群中升起一团团火光，一些敌人被炸得粉碎，抛向空中。原来，炮兵正在根据上级的指示打击进攻之敌，支援他们战斗。他俩高兴地跳了起来："打得好呀！打得准呀！炮兵老大哥立大功啦！"

这批冲击的敌人没等胡修道他们打，大部分已被炮兵干掉了。剩下稀稀拉拉的一些鬼子已溃不成军，只顾逃命，无法组织进攻，只好撤回到集结地域。

不久，2班副班长何大成带着两名同志从后面上来了。胡修道和滕士生见到自己的同志，好像见到了久别的亲人，一个个拥抱他们。胡修道兴奋地说："10号阵地全部在我们手里！"

何大成告诉他们："连长表扬你们，说你们执行命令灵活，战斗勇敢，胜利地完成了坚守10号阵地的任务。命令你们回到3号阵地，继续坚守。10号阵地由我们守。"

胡修道和滕士生按照连长的命令，告别了何大成他们，又回到了3号阵地。

3号阵地已有2名同志防守，他们刚刚打退敌人的一次冲击，一名同志重伤。

不一会儿，山下集结了大批敌坦克和步兵，并继续增兵。看来天黑以前，敌人还要发动一次大规模进攻，拿下3号、9号、10号阵地，向主子报功。

没过多久，敌飞机首先向阵地发疯似的轰炸、扫射，爆炸后的汽油弹燃起冲天大火，阵地成了一片火海。随后，敌各种炮火又一次向阵地倾泻，大地在震荡，整个山好像要翻过来一样。

　　胡修道指挥大家利用山头上惟一的一块岩石下的空间做防护，以防敌人凶猛的火力打击。

　　半个多小时过后，敌人的炮火终于停了。紧接着，约两个营的敌人，成群结队，漫山遍野，分别向3号、9号、10号阵地涌来。

　　根据敌人对3号阵地的冲击队形和3号阵地的地形情况，胡修道对大家做了明确分工。命令机枪手占领外侧的有利地形，从最远处开始打击敌人，并将敌人赶到阵地中央；其他同志利用岩石前的有利地形，以冲锋枪、手榴弹、手雷集中打击位于中间的敌人。胡修道还鼓励大家要多杀鬼子多立功。

　　当敌人冲到山腰时，机枪手将已装满弹链的子弹送上枪膛，瞄准冲在最前面、刺刀上挂着小旗子的敌人扣动了扳机。"哒！哒！哒！"枪响人倒。接着便是不停地扫射，敌人倒下一片。远处的炮兵也开始对敌人射击。遭到侧翼打击的敌人一窝蜂地向中间跑，后面的督战官举着手枪，吆喝着，威逼着他们向上冲。

　　看着敌人越来越近了，胡修道命令冲锋枪手："打！"

　　由于敌人队形密集，距离近，胡修道他们有的甩手榴弹、手雷，有的使用冲锋枪射击，一时间阵地前机枪和冲锋枪密集的射击声、一个接一个的手榴弹爆炸声响成了一片，正撅着屁股往上爬的鬼子们死的死，伤的伤，鬼哭狼嚎，一下子炸开了锅。敌群后面是志愿军炮兵送来的炮弹不停地爆炸，前面是胡修道他们送给敌群的一条条火龙，进攻之敌好像一下子掉进了火坑，死伤无数。

　　11月5日，当夕阳西卜的时候，敌人的最后一次进攻又被英勇的志愿军战士打退了。在血红的夕阳照耀下，胡修道看着阵地前躺着的数百具敌人尸体，心情久久不能平静。这是多么不平常的一天，第一次上战场，先后打退了敌人41次进攻，消灭了280多名敌人，牢牢地守住了阵地。

　　战后，中国人民志愿军领导机关给胡修道记特等功一次，并授予一级英雄称号。1953年6月25日，朝鲜民主主义人民共和国最

高人民会议常务委员会又授予他朝鲜民主主义人民共和国英雄称号，同时，授予金星奖章和一级国旗勋章。

回国后，胡修道保持荣誉，努力工作，先后任排长、营长、副团长、副师长、军副参谋长等职务。

通信英雄牛保才　舍生忘死保畅通

　　1952 年 10 月 14 日，是上甘岭战役打响后的第一天，敌人一股脑地向 537.7 高地所在地北山发射了数万发炮弹，防守在这一高地的志愿军 45 师 135 团 1 营，其阵地工事几乎全被敌炮火削平了，营与上级的指挥通信线路也记不清被敌炮火炸断了多少次，但营部电话班副班长牛保才无论敌人怎样轰炸，总是和战友们保证营与上级通信联络的畅通。

　　这一天，敌人仗着飞机多、火炮多、坦克多、火力猛的优势，向我阵地发起了数十次冲击，并多次冲入我阵地内，但我防守部队发扬英勇顽强、不怕牺牲、血战到底的战斗作风，巧妙地利用地形，打退了敌人一次又一次的冲击，阵地前敌人尸体成堆，激战至当天下午，我坚守部队终因伤亡过大，被迫退守坑道，等待上级支援

上甘岭战役中通信兵冒着猛烈的炮火接通被敌炸断的电话线，确保通信畅通

的反击行动。可是就在这让人揪心的节骨眼上，营与团前线指挥所的电话线又断了，营里得不到上级的指示，团里不知道坑道内部队的情况，如何下定反击决心并组织反击部队与坑道内部队的协同行动呢？这时，正在副团长王凤书身边保障通信联络的牛保才，看到副团长着急的样子，二话不说，抓起缠满电话线的络车，冲出坑道，消失在炮火连天的山沟里。

牛保才，出生于山西省壶关县的一个贫苦农民的家庭，从小受尽了地主的压迫和欺凌。1944 年他冒着生命危险，参加了共产党的地下活动，积极开展对敌斗争，并在这一年加入了中国共产党，1946 年 9 月他成了一名中国人民解放军战士。朝鲜战争爆发后，他积极要求参加抗美援朝战争，1951 年 3 月这一愿望终于实现了。到朝鲜不久，他所在的部队就担任了上甘岭防御作战任务。牛保才分到营部电话班后，由于战场环境恶劣，条件艰苦，备用电话线少得可怜，通信线路又经常被敌炮火炸断，而且每炸断一次都损失很长一段电话线。为了保证通信畅通，牛保才多次利用战斗间隙和夜间，带领战士渗透到敌前沿和浅近纵深，割敌电话线，先后割缴电话线达 5000 多米，保障了抢修线路的需要。

在炸点密集的路上，敌炮弹不停地在头上呼啸而过，为了躲避炮弹，牛保才时而卧倒，时而跃进，侧着身体，猫着腰，顺着电话线路迅速地跑着，两眼紧紧地盯着线路，将一处又一处被敌炮弹炸断的电话线接上。抢修中，他的腹部、腰部和手几次负伤，但他仍咬着牙，坚持向下一个故障点前进。

当他快要接近 1 连指挥观察所时，突然，一枚炮弹在他不远处爆炸，一块巴掌大的弹片"嗖！"地一声，把他的右腿切断了，顿时血流如注。他顾不上多想，用包扎带简单包扎了几下，继续向前爬行。爬啊！爬啊！在崎岖不平、弹坑累累的山路上，他一直爬了近 300 米，鲜血染红了他经过的每一寸土地，在快要接近营指挥所时，终于发现了最后一个断线，然而就在他把两个断头往一块接合时，发现竟相差 1 米多，可这时带来的电话线已全部用完了，怎么办？阵地上仍然炮火连天，枪声不断，退守坑道的战友们现在情况怎样？想起团前线指挥所里首长那焦急的神情，特别是即将开始的反击作战，怎么能离开通信联络呢？想到这里，牛保才毅然将电话线两个断头的包皮剥去，把断头的一端缠在右手食指上，左手把另一个断头咬在嘴里，用他那多处受伤的身躯导通线路，一阵阵电流从牛保才的身上传过，牛保才脸上露出了微笑。时间一分分过去了，牛保才终因流血过多，心脏停止了跳动。牺牲时，他仍然紧紧地拉着电话线。直到战友找到他时，才发现这一伟大的壮举。

"电话接通了！"一直在王副团长身边试电话的通信员惊喜地喊着。王副团长激动地迅速抓起电话，向 1 营营长郝来会了解前沿战斗的情况，并及时下达了反击战斗命令。19 时 5 分，反击战斗准时打响，反击部队在坚守坑道的分队配合下，如猛虎一般扑向立足未稳的敌人，激战不到 30 分钟，就全部夺回了失去的表面阵地，并消灭敌人两个多连的兵力，取得了反击战斗的彻底胜利。王副团长、郝营长和同志们在欢呼胜利的时候，也在深深地怀念着为战斗胜利作出巨大贡献的牛保才同志，是他用生命保证了战斗命令的及时下达。1953 年 4 月 8 日，中国人民志愿军领导机关为他追记特等功，并授予二级英雄称号。

上甘岭上织天网　以地制空显神威

正当志愿军战士依托坑道与敌人战斗正酣之际，中国人民志愿军高炮部队在上甘岭上空与美军的现代化空军展开了一场激烈的野战防空战。

为了配合地面攻势，美军动用空军对上甘岭地区进行了疯狂的轰炸和扫射，企图摧毁我步、炮兵阵地，杀伤我人员，封锁我后方运输线。经过第二次世界大战的洗礼，到朝鲜战争爆发时，美国已经成为世界上首屈一指的空军强国。为了挽救失败的命运，美军动用了F－80C、F－86E、F－84G等当时世界上最先进的喷气式战斗轰炸机。

美军在朝鲜战场上使用的F－80C"流星"式战斗轰炸机

F—80C"流星"式战斗轰炸机。美国洛克希德飞机公司制造，1948年装备部队，涡轮喷气式发动机，翼展11.85米，机长10.51米，机高3.45米，最大速度933公里/小时，航程2220公里，机上装备有6挺机枪，携带弹量907公斤，乘员1人。

美军在朝鲜战场上使用的F—86E"佩刀"式战斗轰炸机

F—86E"佩刀"式战斗轰炸机。美国北美航空股份有限公司制造，1950年装备部队，涡轮喷气式发动机，翼展11.3米，机长11.43米，机高4.47米，最大航速1086公里/小时，升限14720米，最大航程1260公里，机上装有6挺机枪，可携带航空炸弹907公斤，乘员1人。

美军在朝鲜战场上使用的F—84G"雷电"喷气式战斗轰炸机

F—84G"雷电"喷气式战斗轰炸机。美国共和航空公司生产，1950年装备部队，喷气式发动机，翼展11.1米，机长11.61米，机高3.83米，重量10670千克（含载荷），升限12340米，航程

3220 公里，机上装备有机枪 6 挺，携弹量 1614 公斤，乘员 1 人。

在上甘岭战役的初期，美军依仗其绝对的制空权，活动十分猖獗。敌机常常肆无忌惮地做低空、超低空飞行，窜山沟、搜公路，到处寻找目标，此去彼来，终日不绝。一旦发现可疑之点，即进行轮番轰炸，就连行走在山沟里的朝鲜妇女和小孩也常遭到它们的俯冲扫射。由于低空飞行，敌机曾撞过高压线和山岭。据统计，在上甘岭战役期间，美国空军共出动飞机 3000 余架次、投掷炸弹 5000 多枚，平均每天出动飞机 80 多架次，最多的时候一天出动过 250 架次。

受机场条件的限制，我年轻的志愿军空军难以飞临上甘岭地区支援地面作战。为了保护我作战地域的空中安全，志愿军司令部决定以地面防空力量为主，采取以地制空的战法，打击敌人的嚣张气焰，支援地面作战。当时，我军的地面防空力量主要由高炮、高射机枪部（分）队组成。高炮又称高射炮，是从地面对空中射击的火炮，也可平射打击地面和水上目标。志愿军高炮部队的主要装备是从苏联进口的单管 37 毫米高炮和 85 毫米高炮，虽然它们都是苏联 1939 年的型号，但是对付 50 年代初期的飞机还是比较有效的。

接到命令后，我志愿军高射炮部队立即隐蔽开进到上甘岭地区，在崇山峻岭之间建立了中空、低空和超低空火力相结合的三层防空网：第一层，由高炮火力组成，主要打击飞行高度超过 3000 米的空中目标；第二层，由高射机枪火力组成，主要对飞行高度在 1000～3000 米的敌低空飞行的飞机实施射击；第三层，由固守阵地的步兵机枪火力组成，主要打击进行超低空飞行的 1000 米以下的空中目标。这三层火力网在我雷达部队、探照灯部队的支援下，形成了覆盖五圣山方圆 20 公里的强大防空火力网，有力地保障了我阵地上空的安全。

一天早晨，太阳刚刚升起一竿高，低沉的马达声就从阵地的南方传来，敌空中强盗来了，隐蔽在山顶上的某高射机枪连迅速进入

阵地做好战斗准备。

敌机由远而近、由小变大，不一会，八架 F—80C 型战斗机成
"一"字队形恶鹰一般由南向北扑来。与美军在近几场高技术局部
战争中所实行的"防区外打击"的方式不同，在抗美援朝战争期
间，美军基本采取临空轰炸的方式。敌机到达目标空域后，首先要
在空中兜上几圈，确定目标的具体位置，然后再一架接着一架俯冲
下来扫射、投弹。这次敌人又故伎重演，在阵地的上空转起圈来。
大概转了七八圈之后，对面一百多米的假工事旁边，"轰"的一声
爆炸了一颗烟幕弹，一股灰红色的烟幕直冲天空。

"炮兵已为其指示目标，敌机马上就要俯冲轰炸了！"志愿军防
空兵早已对敌机的轰炸套路清清楚楚，指挥员"砰！"地打出一发
红色信号弹指示部队迅速做好战斗准备。

目标确定之后，敌机又你推我让地在空中盘旋了两三圈，谁也

ZHONGWAIZHANZHENGCHUANQICONGSHU

志愿军步枪和轻机枪火力一起向敌机开火

不肯"第一个吃西红柿"。没办法,长机只好第一个呼啸着向我假阵地冲了过来。我高射机枪立即锁定目标。敌机下降到距地面约100多米时,伴随着刺耳的尖啸声,"咚!咚!"两枚火箭弹呼啸着扑向假工事,浓烟裹着碎石腾空而起。就在敌机俯冲的瞬间,我高射机枪迅速校正射向、瞄准机头,"打",指挥员话音未落,"嗒嗒……"万弹齐发,刹那间天空中形成了一张紧密的弹网。不到5秒钟,敌长机就成了一个"马蜂窝",头着火,屁股冒烟,摇摇晃晃地挣扎了几下,死猪一般一头栽进离阵地不远的沟里。紧跟着"小队长"鱼贯俯冲的第二架僚机还没来得及扫射,机翼下的副油箱便中了两发子弹,这个狡猾的家伙马上扔掉副油箱,歪歪斜斜地向空中钻去。其余六架轰炸机一看情况不妙,也赶紧扔下副油箱,各自仓皇逃命去了。

在上甘岭战役中,美军除了利用空军轰炸我志愿军阵地,以火力支援步兵作战外,还不断派出校正机,为地面炮兵校正射向、指示目标。我志愿军高炮部队进驻上甘岭地区后,美军飞机被击落、击伤的数量越来越多,这已经在美军飞行员中引起了严重的恐慌。在上甘岭地区严禁低空飞行,飞行高度不得低于3000米,以避开我严密的防空火力,成了美军飞行员不成文的作战规定。

11月1日,恰好轮到飞行员吉尔斯和炮兵空中观测员塞维蒂斯值班。为了保证能平安地飞回来,吉尔斯和塞维蒂斯这两个倒霉的家伙在登机之前,不断在胸前画

高炮观察员在阵地上观察敌机

十字，乞求上帝保佑他们，直到塔台指挥员连续下了三道起飞命令之后，吉尔斯才忐忑不安地驾驶着飞机离开跑道。

飞机在空中盘旋一周，吉尔斯的紧张心情还没有平静下来，"算了，我们还是早点回去吧！还有一个多月就要过圣诞节了，要是让中共高射炮兵盯住，今年的圣诞节就只有和上帝去过了！"

"没关系，再转转！我们现在的高度是 4000 多米，小口径高射炮够不着！非常安全。"塞维蒂斯在惊恐之中还没有忘记自己的职责。

实际上，塞维蒂斯根本无法履行自己的职责。双方的炮群犹如暴雨一般将弹药倾泻到上甘岭这个狭小的地区，整个阵地都笼罩在一片浓烟尘土之间，除了听到脚下隆隆的炮声，在空中根本无法辨明弹着点的确切位置，更不用说校正射向了。

望着脚下那两个被烟雾迷漫的山头，再看看指针在 4000 米左右晃动的高程表，塞维蒂斯的优越感油然而生。在他看来，乘飞机在高高的天空中飞行，与其说是在空中执行任务，不如用"逃避肉搏战"这一短语形容更贴切一点。每次听到战友讲地面作战的残酷场面，塞维蒂斯都会目瞪口呆，晚上做噩梦，出虚汗。是啊，战争意味着流血，但是又有哪一位军人愿意为一场毫无目的的不义之战而献出自己宝贵的生命呢？

"听说，为了提高射击的精度，中共士兵已经把高炮拆开，架上了爸爸山（指五圣山）。"吉尔斯提醒道。

"是吗？"这个消息还真让塞维蒂斯大吃一惊，"我们的对手不愧为世界上最具有战斗力的部队！高度升到 5000 米，再转一圈我们就回去！"

已经没有机会了，就在吉尔斯准备将飞机拉高之际，忍耐了很长时间的大口径高炮终于"发言"了。一枚枚高炮弹像一朵朵白花似的把飞机包围起来。飞行员吉尔斯终究没有逃脱死亡的命运，一发炮弹命中飞机，把吉尔斯从座舱中震出来，落到地面上摔成了一

张肉饼，挂在脖颈上的金十字架，也未能保住他年轻的生命。塞维蒂斯跳伞以后，成了俘虏，在中国人民志愿军的战俘营里度过了一个令他终身难忘的圣诞节。从此，敌人的炮兵校正机再也不敢轻易地侵入金化以北的天空了。

部署在运输线附近的志愿军高炮部队

在我强大的防空火力打击下，美国空军不得不将"地毯式"轰炸改为"重点轰炸"，并煞费苦心地采取了许多狡猾的攻击手段。但是，魔高一尺，道高一丈，再狡猾的狐狸也斗不过勇敢的猎手。有的部队为了引诱敌机上钩，在山间布下了各种圈套，例如：将降落伞张开挂在树上；用稻草人组成假部队；在山谷中拉起粗索，沿着山麓保持一定的间隔设置一串灯光，伪装成运输车队来引诱夜间轰炸机等等。为了防止敌机报复，我高射炮部队常常化整为零，以小分队为单位，打一炮换一个地方，与敌机捉迷藏。一天清晨，高射炮兵某连在得知敌机正在扫射友邻阵地的消息后，全连立即出动，迅速将高射炮部署在距离这个山头阵地只有 200 米远的一块麦地里，为了吸引敌人，他们还在阵地侧翼的一个小山包上构筑了假阵地。根据连长的判断，由于这里地势较低且平坦，不符合作为防空阵地的条件，因此，敌机一定会形成麦地里没有防空火力的错觉，选择这个空域进行低空俯冲轰炸。果不出所料，我阵地刚刚构筑完毕，敌机就飞来了，它们在高空盘旋一周后，便从麦地的上空俯冲下来。我高炮测距手迅速锁定目标，阵地指挥员抓住战机，果断地下达命令："打！"顿时，几十门高炮对准敌机就是一阵猛攻。

一阵密集的火力射击刚刚结束，就见领航机立即冒出浓浓的黑烟，一个跟头栽下来。其余敌机赶忙慌慌张张地扔掉炸弹，逃离我高空火力网。可是，他们哪里知道，躲了初一躲不过十五。友邻阵地早已严阵以待，对其又是一阵猛打。其中一架敌机在逃命的过程中恰好和一发炮弹碰上了头，随着奇异的爆炸声，一个巨大的火团出现在天空中，滚烫的金属碎片正好落在美军人群中，吓得美军士兵掉头鼠窜。当敌机对我高射炮阵地进行反扑时，这个连已经转移到别的地方，继续向敌机射击了。就这样，这个高射炮兵连取得了一天击落4架敌机而自己无一伤亡的辉煌战绩。

在我防空火力的打击下，美军飞行员的嚣张气焰一去不复返，变得极其狼狈。据外电报道：这些美国航空兵每当战战兢兢地驾驶着飞机"幸运地"回到机场时，一跳下飞机就说："金化以北的天空可怕极了！"为了逃命，他们绞尽脑汁地想出了各种办法，如从高空穿越志愿军高射炮阵地，采取从北向南俯冲轰炸的办法，这样万一如果飞机被防空炮火击中，可以利用飞行惯性迫降到自己的阵地区域去，可是这个"聪明"的办法在志愿军高射炮弹的巨大威力面前屡屡难以奏效，被击中的敌机大多数还没有飞到自己的阵地就落下来，即使是到了，也是常常自摆乌龙，迫降不成反而大量杀伤地面作战人员。

志愿军高射炮兵部队的对空作战，对于保证上甘岭地区作战的胜利发挥了重大的作用。他们广泛而积极地对空射击，有效地打击了敌低空活动的飞机，迫使敌机增加飞行高度，其投弹的准确性大大降低；敌校正机不敢轻易在志愿军阵地上空侦察，失去空中的信息支援，敌地面炮火犹如"瞎子"一样常常将炮弹乱轰一气。与此形成鲜明对比的是，在强大的防空火力掩护下，我地面炮兵的战场生存能力大大提高，他们可以毫无顾忌地支援步兵作战；我后勤补给分队也可以源源不断地将各种弹药物资送到前线，有力地保障了上甘岭战役的胜利。战士们兴奋地说："我们有了制空权！"

同地面部队一样，在 40 多天的战斗中，我防空部队在空中也取得了辉煌的战绩，共击落击伤敌机 274 架，其中击落敌机 50 架，使美国空军遭到了惨痛的失败。11 月 8 日，志愿军司令部专门发出通报，表扬高射炮部队在对空作战中所取得的胜利。

夜间射击敌机

阵地为家苦犹甘　坑道谱写浪漫曲

　　"一条大河，波浪宽，风吹稻花香两岸！我家就在岸上住，听惯了艄公的号子，看惯了船上的白帆。……"

　　看过电影《上甘岭》的人，一定还记得女护士王兰这首情深意长的爱国歌曲。是啊，上甘岭战役犹如一个巨大的宝库，对于军事

文艺演出小分队深入前线慰问演出，鼓励志愿军战士英勇杀敌

家而言，她是坚守防御作战的光辉范例，在艺术家看来，则是进行艺术创作的沃土。以上甘岭战役为素材的艺术作品不胜枚举，并且具有很强的生命力。歌曲《歌唱祖国》便是一个例证，我想当大家在欣赏这部常映不衰的爱国影片时，一定会对勇士们的革命乐观主义精神肃然起敬。

随着作战形势的不断发展，敌我双方在上甘岭上展开了激烈的拉锯战。白天，敌人在飞机、坦克、大炮的掩护下攻占我表面阵地；夜幕降临，志愿军又在炮兵部队的支援下将占领表面阵地之敌消灭掉。"'乞丐'不能和'龙王'比宝。"为了保存有生力量，为我后方调整部署赢得时间，我志愿军司令部决定命令部队转入坑道斗争。

军人以服从命令为天职。但是命令战士们放弃表面阵地转入坑道，真比组织部队冲锋陷阵还要困难。有些战士听说要转入坑道，硬是不肯离开阵地，发疯似的说："就是死，我也要死在阵地上！"有的瞪着熬红的眼睛质问："这是谁的命令？"直到弄清这是军长下的命令之后，才挥泪转入坑道。

坑道，是指战员们一镐一镐亲手挖出来的，人们亲切地称它是"阵地之家"。然而坑道生活的苦与乐，是今天人们所难以想象的。秦基伟军长在日记中记下了自己当时的心情："战斗越往后推，驻守坑道的指战员就越加艰苦，他们的处境是坐在房子里的人想象不到的，除了在敌人包围中不能自由活动外，更严重的是吃不饱，喝不到水，无休息的位置，甚至连坐的位置都没有。坑道内有受伤的同志和牺牲的烈士们的血，以及战友们的大便、小便。这种生活不要说已经几天，就是一个钟头也都是难受的。"条件虽然艰苦，但我坚守坑道的勇士们，依靠党组织的坚强领导和强有力的政治工作，凭着坚守坑道、夺回阵地的坚强信念，发扬了不畏困难、不怕牺牲的革命英雄主义精神，始终保持着高涨的战斗热情，谱写了一首首视艰难困苦如草芥的阵地浪漫曲。

坑道战歌

朝鲜的 10 月，已是朔风阵阵、僵手冻脚的气候了。鹅毛般的雪花轻轻地掩盖住硝烟弥漫的上甘岭。可是在拥挤不堪的坑道里，志愿军指战员们穿着衬衣还汗流浃背。由于敌人的封锁，坑道里的生活变得越来越艰苦。退守坑道之初，除了指挥员、发报员沙哑的说话声外，就只有重伤员那忍了很长时间、偶尔发出微弱的呻吟声了。大家都在用意念与死神搏斗着，等待着反击时刻的到来，单调、乏味的生活如同缺水少药一样威胁着坚守坑道勇士们的生命。

"多么可怕的沉默啊！"营参谋长看在眼里，急在心里。凭着多年战斗的经验，他意识到，对于这支在敌人炮火狂轰滥炸之后保存下来的力量而言，最危险的还不是敌人，不是缺医少药，更不是缺乏粮食，而是士气，是人的精神。如果人的精神垮了，上级"坚守坑道，长期作战"的意图很有可能落空。不错，坑道战斗需要水、需要粮、需要弹药，但只要有了士气就没有战胜不了的困难。可怎样才能把大家的情绪调动起来呢？

他忽然想起老同志们经常讲，当年在延安的时候，由于受国民党和日军的联合封锁，根据地生活是极其艰苦的，但大家都很乐观，饿了、累了，大家就组织唱歌，那歌声就像小米饭一样，一唱歌劲头马上就来了。因此，一年四季延河边的歌声总是不断。

"哎，刘呀！可以组织唱歌，活跃一下坑道里的气氛，调动一下大家的情绪嘛！"

"千锤的铁，

百炼的钢，

志愿军个个称豪强……"

参谋长首先领头唱起歌来了。说实话，凭着他的音质，与其说是在"唱"，不如说是从那干渴的嗓子中挤。然而就是这走了调的

歌声犹如一台空气交换机，将整个坑道的空气搅动起来，沉闷、污浊的气氛一扫而空，阵阵清新、凉爽的空气顿时从洞口充满了坑道各个角落。

大家立即应和起来。粗哑的、低吟的，歌声、炮声，组成一首别具风格的战场合奏曲，战士们的头抬起来了，轻伤员挣扎着坐起来了，奄奄一息的重伤员把眼睛睁开了，眼光中闪烁着生命的光芒。

趁热打铁，战士们又在阵地上开展了"赞家乡"活动，淮河两岸的战士谈的是伟大的治淮工程，他们引以为荣的是堤上镌刻着毛主席的亲笔题词："一定要把淮河修好！"的大字；两广的战士说家乡四季如春……四川籍的战士骄傲地说："我们家乡是天府之国！"

战地交响曲

由于敌人封锁，坑道里仅有的一点水都让给伤员喝了。严重缺水，使大家嘴上起了泡，嗓子哑得都说不上话来。

不能老唱歌啊，能不能搞点其他的娱乐活动。为了丰富坑道里的文化生活，卫生员陈振安开始打起了自己的小算盘。

"坑道里的生活这么苦闷，要是有一台收音机能听到祖国的声音，那多好呀！"陈振安把自己的想法告诉了参谋长。

"你的想法是不错，但现在吃都成问题，怎么能保障收音机呢？"

你还别说，世上就有这么巧的事。有一次，陈振安在找水时，还真发现了一架战前对敌广播组留下来的留声机。由于长期受湿闷空气的腐蚀，留声机的机身已锈成了红色。

"修一修，也许还可以用"，为了丰富大家的坑道生活，陈振安决定把它捣鼓好。机身锈了，他动员其他几个卫生员一有空就擦；机针秃了，他就用小石子仔细地磨；片子潮了，他就利用战斗的间隙放在洞口晾。一切就绪之后，陈振安满怀期望地将留声机上的摇把轻轻转了两圈。奇迹终于发生了，伴随着唱片吱吱的转动声，亲切的声音从扬声器中慢慢地传出来，

"同志们呀！你们受苦又受累……"

"你们听！慰问团来慰问我们了！"话音未落，坑道里响起了悠扬感人的慰问歌声：

"全中国人民把你们记在心间，毛主席也把你们记在心间，……"

这是祖国亲人的声音。在艰难困苦的时刻，能够听到亲人的声音，令战士们非常激动，他们不约而同地把目光投向了那台锈迹斑斑的留声机。这歌声仿佛把大家带回了祖国的怀抱。听了一遍不过瘾，再听一遍。头扎绷带、唇结血斑的人民英雄们，有的坐起，有的躺着，都沉浸在祖国亲人的关怀之中。后方在想念着我们，我们一定要守住坑道，配合上级把鬼子赶下阵地去。

一石激起千层浪，唱片放罢。坑道里的几个活跃分子也来了灵感，他们找来竹子做成笛和萧，用中国的马尾、朝鲜的蛇皮、美国的炮弹壳和电话线中的铜丝做成胡琴，取名为"两洲三国牌"（两洲指的是亚洲、北美洲，三国指的是中国、朝鲜和美国）。不一会，雄壮的《中国人民志愿军战歌》便回荡在坑道内外。

"雄赳赳，气昂昂，跨过鸭绿江！

保和平，卫祖国，就是保家乡！

中国好儿女，齐心团结紧，抗美援朝，打败美国野心狼！"

"万言"家书

坚守坑道的勇士们的生活时刻牵动着后方人们的心。为了把物资送进坑道里去，火线运输员被一批一批地派出去，却都一个个地倒在封锁线上。后方通往上甘岭的路上，不知有多少萝卜、包子、

馒头、弹药、药品和慰问袋滚落、浸泡在血泊中,送进坑道的物品微乎其微。

转入坑道战斗后,九连指导员张永宽带领30多名同志坚守在三号坑道。

26日晚上,营部通信员魏得明来到三号坑道。

"连长,给你糖果!"他从怀里掏出鲜血染红的慰问袋交给9连指导员张永宽。

"祖国慰问团的亲人来了,这糖是营长和教导员让我送过来的。教导员说,这袋糖代表祖国5万万人民的心,是最珍贵的礼物,要我们不惜一切代价送给正在前沿坑道里坚持作战的战士。"

张永宽接过糖袋,伴着洞口微弱的亮光仔细一瞧,是一袋水果糖,洁白的包装染满了鲜血,上面依稀可见"什锦水果糖"五个红字。

"你负伤了?"连长关切地问道。

"没有,和我一起来的还有李德敏同志,在距坑道不到200米的距离时,一块弹片击中了他的胸部,这血是他的。"

坑道里顿时寂静下来。多么珍贵的礼物啊!仇恨!激动!思念!责任!如波涛般涌上战士们的心头,一浪高过一浪!

"同志们,这袋糖,是毛主席和祖国亲人远隔千山万水送过来的,是我们的战友牺牲了自己的生命,用鲜血换来的!我们吃了要更好地打仗,坚决把进犯的敌人全部歼灭。"指导员一字一句地说。

"坚决把进犯的敌人全部歼灭!"大家异口同声地说:

"指导员,祖国的亲人一定非常惦念我们,为了让他们放心,我们不如写一封信,让慰问团的同志们带回祖国去,让毛主席、让亲人们放心!"

"好啊!大家每人都说一句!"指导员展开一个揉皱的烟盒当作信纸,准备记录。

听说要给亲人们写信,大家顿时来了劲头,争着往前挤。

"别着急，一个个来！"

"我先说，亲人们，我们很想念你们。我们处在距敌50米、上下相持的情况下，遭受了不少的困难。但是我们想了办法，发扬了艰苦奋斗的精神。为了保卫光荣的阵地，为了保卫祖国，为了保卫世界和平，我们忍受和战胜了困难。"

"在坑道内，我们喝不着水，用生米充饥，但我们的战斗意志是顽强的。昨天夜里，我们用手雷消灭了两个班的美国兵。"

"我们除了战斗以外，就是说笑和娱乐，谈我们的胜利，谈祖国的伟大。我们的心情永远都是愉快的，丝毫没有因被敌人封锁和闭塞坑道口而感到恐惧。因为我们知道任务的重大，明白这次战斗的意义，坚信我们一定胜利。"

……

勇士们的这封信迅速被转送到慰问团，大家都感动得流下了眼泪。慰问团的人员都为亲临上甘岭前线，有机会目睹这场世界战争史上罕见的战斗而感到骄傲。他们深深地感到，只有中国共产党培育出来的英雄儿女才能显示出这种伟大的英雄气概。

烛光晚会

"同志们！祖国人民慰问团来了！祖国人民慰问团来了！"

1952年10月28日夜，3个火线运输员拼死冲破敌人的层层炮火封锁线，来到8连的坑道里。领头的运输连指导员宋德兴钻进坑道口，东西还来不及放下来，就兴奋地呼叫起来。

"亲人来了！"人们忽地拥向坑道口。

"告诉大家一个好消息，祖国亲人看我们来了！为了安全起见，军长要求他们留在军部，你们在前方的英勇表现，他们用望远镜看得一清二楚。"

"看，茶缸、手帕、烟斗还有糖，这都是亲人从祖国给我们带

志愿军文工队员登上五圣山，为参加上甘岭战役的炮兵部队慰
问演出

来的!"他每报一样礼物，大家都一阵欢呼。坑道里掌声、笑声响
成一片。

"同志们，上级决定10月30日要发起反攻!"

振奋人心的消息，犹如春雷迅速传遍了坑道的各个角落。

"噢，反攻了! 我们胜利了!"整个阵地充满胜利的喜悦声。

"同志们! 祖国人民就在五圣山上看着我们，我们应该怎样向
亲人汇报?"李安德教导员激动地高声问道。

"打出去! 打出去! 消灭敌人! 消灭敌人!"

为了表达对祖国亲人的敬意，迎接即将到来的大反攻，指导员
决定举行一个欢迎仪式。

大家把坑道里所有能照明的东西都点着了。霎时间，坑道里灯
火通明。由于敌人的长期封锁，这些灯都是战士们用高射机枪弹壳
做成的，黄灿灿的分外明亮。

战士们按次序从指导员手里接过慰问品，每个人都激动得热泪

盈眶。就连那些奄奄一息的重伤员，也都要求站起来，立正、敬礼，双手接过慰问品。发放完毕，人们自觉地围在毛主席像前，唱起了战士们最爱唱的《我们一定能胜利》：

我们一定能胜利

我们一定能胜利

我们有坚强领导（的）中国共产党！

我们有英明领袖毛主席！

……

多么难忘的一个晚上啊！明天晚上就要反击了，就要见到祖国的亲人了，能不激动吗？10 多个日日夜啊，多么短暂而又漫长的一瞬间！那天晚上，勇士们都失眠了，大家都铆足了劲，热切地等待着反击时刻的到来。

ZHONGWAIZHANZHENGCHUANQICONGSHU

战争之神在怒吼　上甘岭炮兵显神威

　　炮兵，是陆军的主要火力突击力量，被人们誉为"战争之神"。但对于从"小米加步枪"起家的我军而言，炮兵取代步兵成为杀伤敌人的主要手段，还要从抗美援朝战争说起。在 1952 年 10 月开始的上甘岭战役中，志愿军炮兵以准确、及时的火力支援，配合步兵粉碎了以美国为首的"联合国军"夺取我上甘岭 597.9 高地和 537.7 高地北山的企图，并创造了炮兵歼敌占总歼敌人数一半以上的纪录，充分展现了炮兵作为"战争之神"的巨大威力。2002 年是上甘岭战役 50 周年，就让我们透过历史的硝烟，去聆听上甘岭战役那隆隆的炮声，去追忆志愿军炮兵在上甘岭战役中所创造的辉煌胜利。

（一）

　　志愿军炮兵，是我军最早入朝参战的兵种之一。1950 年 10 月 19 日，志愿军炮兵第 1、2、8 师和高炮第 1 团开赴朝鲜战场，成为首批参战的炮兵部队。当时，炮兵第 1 师 26 团 5 连指导员麻扶摇写了一首慷慨激昂的出征诗："雄赳赳，气昂昂，跨过鸭绿江……"这首后来成为《中国人民志愿军战歌》的出征诗，表达了全体志愿军官兵"抗美援朝，保家卫国"的心声，也道出了志愿军炮兵部队

再建新功的渴望。

但部队一入朝，就感受到了现代化战争的残酷。天上到处都是美国鬼子的飞机，一发现可疑目标，就是一阵狂轰滥炸。在崎岖的山道上，由骡马驮载的火炮机动非常困难，很难跟上快速运动的步兵，结果炮兵打不上仗的现象时有发生。即使是能上去的少数火炮，也因为数量少、型号杂、性能落后、炮弹供应困难等原因，发挥不了应有的作用。这些情况，着实让立功心切的志愿军炮兵上了一把火。

为了改变这种落后状况，从 1950 年 11 月起，中央军委开始从苏联成批进口火炮，并在国内扩建炮兵部队。在朝的部分炮兵，也相继回国改换装备。经过短期组建和突击训练，特别是国民经济的逐渐恢复和国家支援战争能力的提高，志愿军炮兵数量大增，火力明显加强。到 1952 年 9 月，志愿军共有山、野、榴弹炮 1493 门，其中野炮 507 门、榴弹炮 578 门，此外，还有高射炮 988 门、火箭炮 162 门。尽管与敌人相比还有很大差距，但经过 1951 年夏、秋两季防御作战的锻炼，志愿军炮兵的技术、战术水平有了很大提高，广大官兵摩拳擦掌，跃跃欲试，准备在接下来的战斗中与敌人一较高低。就在这时，上甘岭战役打响了。

上甘岭，是志愿军中部战线上的一个小村庄，它南面的 597.9 高地和 537.7 高地北山，构成了北面五圣山的天然屏障。作为金化地区最高峰，五圣山有着十分重要的战略位置，它西临平康平原，东扼金化经金城到东海岸的公路，向南则可以俯瞰金化、铁原地区的敌人纵深，非常有利于志愿军炮兵对敌人的侦察搜索。对敌人而言，夺取了五圣山，则可以充分发挥机械化部队的优势，从平康平原突入志愿军的防御纵深，威胁平壤。所以，自从志愿军占领了 597.9 高地和 537.7 高地北山之后，敌人就将这两个阵地视为眼中钉、肉中刺，意欲除之而后快。

1952 年 10 月，第七届联大即将召开和美国总统大选在即。为

了捞取政治资本，并迫使中朝两方接受其在战俘问题上提出的无理要求，美国政府指示"联合国军"在战场上向中朝两方施加军事压力。据此，美第8集团军司令官范佛里特制定了行动计划，代号"摊牌"。其要点是，集中优势力量，对上甘岭地区的597.9高地和537.7高地北山作一次重点攻击，夺取上甘岭。如果发展顺利，就一鼓作气，拿下五圣山。

范佛里特对"摊牌"行动颇为乐观。他认为，有200多架次飞机和16个炮兵营280余门大炮的支援，担任进攻任务的美第7师和韩第2师，只要动用2个营的兵力，付出200人的伤亡代价，就可以拿下这两个高地，而整个行动将持续5天。

当敌人的进攻准备就绪之后，10月8日，"联合国军"总司令克拉克批准了"摊牌"行动计划。同一天，美国首席谈判代表哈里逊在板门店宣布：停战谈判无限期休会！在退出会场时，他狂妄地叫嚣："让大炮和机关枪去辩论吧！"

（二）

范佛里特的乐观不无道理。当时的美军条令规定：一个步兵师的进攻正面为4～6公里，加强炮兵6～9个营。但为保险起见，范佛里特在上甘岭3公里的正面上，投入了两个师的兵力；加强的炮兵更是多达16个营，包括：韩第1炮兵群的第18、51、52炮兵营；美第9军直属炮兵群的第93、980、75、92、143、424、955、981炮兵营等。此外，还有第140高炮营、第2火箭炮营、第53和第59坦克连、第2重迫击炮连，以及足够的空军支援和照明支援。

美军的火炮，向来以数量多、型号统一、性能先进和保障快捷而著称。执行火力支援的16个炮兵营，装备的火炮口径均在105毫米以上，并基本统一为105毫米和155毫米两种；此外，还有203毫米口径的重榴弹炮。韩炮兵是经美军一手建立和训练起来

的，清一色美式装备。尽管在大口径火炮数量上较美军为少，但在105毫米口径以下火炮的使用上颇具特色。在战役发起前，韩炮兵以团为单位，将六〇炮、八一炮和化学炮编组成营，统一指挥集中使用，并且具有机动及时、射击猛烈和火力密集的特点。

按照战役计划，敌野战炮兵进行了充分的战前准备。从8月份起，就开始加固工事、修建仓库、运送弹药、储蓄物资和在攻击道路上修筑桥梁。运输量也骤然增大，超过了平时的1~2倍。为防止志愿军观察，白天运输都在烟幕掩护下进行，整个9月份，金化纵深主要公路上的烟幕遮天蔽日，从未间断。夜间接近我前沿时则关灯开进；有时将探照灯放低，利用其光线进行运输。

为了查明志愿军炮兵阵地和火力点，敌人还加强了情报侦察。敌炮兵部队的校正机，在我前沿阵地和二线阵地频繁活动，以熟悉阵地情况。同时少量坦克在我方阵地前活动，并进行不规则的射击，引诱志愿军火力还击，企图达到暴露我火力点的目的。此外，敌人进行了一系列试探性进攻和欺骗性演习活动，搜索部队也不时捕捉志愿军哨兵，一些火炮还进行了试射。

到10月初，敌人的准备工作基本就绪。炮兵部队也进入了阵地：支援美第7师进攻的炮兵位于下得里、金化、长兴里、锄业里等地域；支援韩第2师进攻的炮兵位于龙杨里、光三里、芳通里、上枫洞等地域。

按美军惯例，进入阵地的各种火炮采取了多线、重点、纵深的配备原则。一线为六〇炮、八一炮、化学迫击炮、无后座力炮和抵近的坦克炮，距离我前沿1000米以内，甚至300~400米；二线为机关炮和部分105毫米轻榴弹炮，并以单炮抵近射击，距我前沿2000~3000米，战役后期敌人则大量使用"T—38型"多管火箭炮；三线为105毫米轻榴弹炮和155毫米中榴弹炮，距我前沿3000~5000米；四线为155毫米中榴弹炮和203毫米重榴弹炮以及155毫米加农炮，距我前沿6000~8000米。炮兵阵地以群为单位进行

配置。营采取后三角分散配置；连阵地集中，多采取一线式或梯次配置。

无独有偶的是，敌人的进攻即将发起时，志愿军反击注字洞南山的战斗也将打响。由于注字洞南山位于上甘岭东北，敌人从侧翼威胁到了我军安全，志愿军第15军决定，担负上甘岭地区防御任务的45师于10月18日发起反击，拔掉这个"钉子"。

10月8日，志愿军第15军炮兵召开作战会议，组成了45师炮兵前方指挥所，共辖7个炮兵群（即炮兵营）：第1群，配属炮2师30团2个连，配有美式155毫米榴弹炮8门；第2群，是炮28团2个连，配有日式150毫米榴弹炮8门；第3群，是炮7师的3营，配有苏式122毫米榴弹炮9门；第4群，是军属炮9团的3营，配有日式38野炮11门；第5群，是师山炮营，配有山炮8门；第6群，是高炮35营及配属之601团，配有37高炮4门和85高炮3门；第7群，是火箭炮兵209团，配有火箭炮24门为机动炮群；以上火炮，除火箭炮、高炮由师炮兵前方指挥所直接掌握指挥外，其余全部配属给担任反击任务的三个步兵团直接指挥。当天，参加反击的火炮进入阵地完毕，各种火炮的射向、观察通信设备均指向了注字洞南山之敌。一时间，狭小的上甘岭地区火炮云集，一场炮火密度堪称世界之最的著名战役，即将在萧瑟的秋风中拉开帷幕。

（三）

1952年10月14日凌晨3时，上甘岭地区夜幕低垂，阴云密布。敌人在连续两天的预先火力打击之后，又动用16个炮兵营280余门大炮同时开火，向志愿军阵地猛烈轰击，上甘岭战役正式打响。

敌人的火力准备异常猛烈。数以万计的炮弹划过夜空，编织成一张张火网，呼啸着罩向志愿军防守的597.9高地、537.7高地北山、五圣山指挥所和各观察所以及我浅近纵深第二梯队的运动道路；40余架飞机临空轰炸，配合炮兵对志愿军阵地进行毁灭性破坏。在火力准备的最后 10 分钟，一架 B－26 型飞机低空飞过上甘岭阵地，施放了烟幕。地面炮兵也发射了大量烟幕弹，掩护即将开始的步兵冲锋。

5 时整，敌火力准备结束，炮火延伸。美第 7 师第 31 团全部、韩第 2 师第 32 团全部、第 17 团 1 个营，共 7 个营的兵力，分 6 路向志愿军 45 师 135 团防守的 597.9 高地和 537.7 高地北山发起猛烈进攻。敌人在第一天所投入的兵力，已大大超出了原计划。

敌炮兵对射击任务进行了区分：105 毫米榴弹炮支援步兵冲击，压制我火力发射点；155 毫米榴弹炮压制我指挥所和纵深炮兵发射阵地；203 毫米重榴弹炮压制我炮兵并封锁运动道路；步兵冲击时，远射程火炮将步兵护送到距我阵地前沿 200 米处，再由轻型火炮护送至 50 米处。由于上甘岭地区属于山地，不便展开大量坦克，因此敌人把坦克作为移动火炮来使用，27 辆坦克在距我前沿阵地 200～1000 米的距离上，进行直接瞄准射击，掩护步兵发动冲击。

敌人的密集火力，将五圣山周围的大小道路全部封锁。在一片硝烟火海中，志愿军 45 师 135 团担任防守的两个营，依托被炮火摧毁的工事和弹坑，用冲锋枪、手榴弹、手雷等轻武器与密集冲击的敌步兵展开激战。

由于师炮兵主力来不及参战，能够支援步兵作战的仅有 3 门 122 毫米榴弹炮、6 门山炮和 6 门 38 野炮。曾在"冷枪冷炮"运动中荣获"神炮手"称号的炮兵战士唐章洪，在敌人向 597.9 高地进行冲击时，以 3 分钟射发炮弹 53 发的好成绩，将敌人的进攻队形打了个中心开花。在转向支援 537.7 高地北山时，敌人的炮弹不断在四周爆炸，他来不及架炮，就用左手扶着炮筒进行简便射击。炮筒被打得烫手，唐章洪就往炮衣上撒尿，用打湿的炮衣卷着冒烟的炮筒进行射击。激战至 17 时，志愿军 135 团官兵因伤亡过大，全部退守坑道作战。

占领表面阵地的敌人迅速展开工程队，开始构筑发射点、地堡，设置简单障碍，但为时已晚。志愿军 45 师炮兵主力经过移动阵地、改造火口，已经做好了支援步兵反击的准备。晚上 19 时，志愿军炮兵以野炮、榴弹炮 26 门，对立足未稳之敌火力急袭 5 分钟。猛烈的炮火将敌人刚刚构筑起来的工事摧毁，敌人还没弄清楚是怎么回事，志愿军 135 团的 3 个连另两个排就兵分 4 路冲了上去，转入坑道的部队也迅速出击，予以配合。经过 3 小时战斗，志愿军全部收复阵地。

在第一天的战斗中，敌人发射炮弹 30 余万发，投掷炸弹 500 余枚，为整个战役期间最高纪录，但除了伤亡 2000 余人、阵地得而复失外，一无所获。志愿军 45 师的部队以伤亡 500 余人为代价，守住了阵地。更为重要的是，志愿军 45 师在未能投入全力的情况下，挡住了敌人集中全力的第一次猛攻。真正的较量才刚刚开始。

（四）

经过一天的激战，敌人夺取五圣山的企图已十分明显。为打退敌人的进攻，1952 年 10 月 14 日晚，志愿军第 15 军党委研究决定：即报请兵团、志愿军司令部批准，调整 45 师的部署，集中兵力、火力于上甘岭方向；45 师指挥所由真莱洞前移至德山岘，并由 45 师副师长唐万成和军炮兵指挥副主任靳钟统一指挥师炮兵作战；为增加 597.9 高地和 537.7 高地北山的防御力量，急调第 45 师的第 134 团和第 133 团的各 1 个营，作为以上两高地的预备队。

15 日 14 时 30 分，志愿军总部复电同意，指出："敌正向你军正面发动局部进犯，因此你军应集中力量，准备粉碎敌人的任何进犯，并组织连续的小反击作战，求得大量毙伤敌人，多取得经验，注字洞、南山暂不进攻为宜"。至此，志愿军第 15 军调整了作战重心，准备与敌人在上甘岭放手一搏。

　　为了方便指挥和密切协同，志愿军第 15 军的炮兵依据火炮性能进行了明确分工：山地作战，地形复杂，死角多，而迫击炮机动性好，射速快，弹道曲伸，因此将六〇炮和八二炮混合编组，压制野炮、榴弹炮不易打击的在冲击出发位置和集结地之敌；75 山炮和 75 野炮，炮龄老、射程近，因此将其抵近前沿，以直接瞄准射击敌人的固定坦克和机关枪火力点；105 毫米榴弹炮、122 毫米榴弹炮和 76.2 毫米野炮，集中射击敌人的集结地，对由浅近纵深向前运动的敌人进行拦阻射击，并压制敌机枪火力点和已发现的迫击炮和榴弹炮；105 毫米加农炮、150 毫米榴弹炮和 155 毫米榴弹炮，除担负与 105 毫米、122 毫米榴弹炮相同的任务外，着重打击敌浅近纵深正在集结和运动的有生力量，并与敌进行炮战。

　　10 月 15 日凌晨 5 时，敌人又卷土重来。30 余架 B29 型轰炸机进行了"地毯式"的低空轰炸，然后就是 1 个小时的炮火准备。紧接着，美第 7 师第 17 团、第 32 团，南朝鲜第 2 师第 17 团共计 4 个营的兵力，在大量烟幕的掩护下，向 597.9 高地和 537.7 高地北山发起了冲击。敌人采取了密集的大纵深队形，后梯队紧跟着前梯队；夜间进至出发位置，白天连续攻击；同时，炮兵实施不间断的纵深压制和阻断，F—51 攻击机则提供近距离空中支援。这种联合兵种的进攻模式，成为了上甘岭战役期间敌人的惯用战法。

　　敌人以密集队形进行冲击，使其步兵完全暴露于志愿军的火力杀伤之下。志愿军炮兵坚持"以杀伤敌有生力量为主"的战术思想，除将不超过 $\frac{1}{3}$ 数量的火炮直接配属给步兵分队作战外，其余全部集中，组成师、团两级炮兵群，对 597.9 高地和 537.7 高地进行辗转支援。

　　曾几何时，西方媒体为掩盖"联合国军"的失败，诬蔑志愿军采取的是"人海战术"。但现在，敌人却不得不以"人海战术"配合其所谓的"火海战术"，向志愿军防守的上甘岭阵地发起反复冲

击。前梯队被击溃，后梯队接踵而上。从 15 日开始，每天攻击 10 余次到 40 余次，战斗持续时间达 6～9 个小时，开始分为上午、中午、黄昏三批进攻，后来又改为先小后大，待消耗我有生力量后，到黄昏时以最大兵力作一次总攻。

对于敌人的这种战术，志愿军第 15 军的炮兵以变对变，敌小则我小，敌大则我大。当敌以 1 个连冲锋时，我通常以 1 个榴弹炮连射击；当敌以 1 个营冲锋时，我以两个榴弹炮连结合少许轻炮，将敌歼灭于进攻之中；黄昏时敌人发起总攻，我集中全部或大部火炮射击，予敌重大杀伤。这种灵活的战术，避免了不必要的弹药浪费，并确保了我军火力能越打越强。

为最大限度地杀伤敌人，志愿军炮兵力求做到"全纵深火力打击"。当敌向出发阵地运动时，立即集中射击予以压制；当敌发起冲锋时，对其运动路线进行拦阻射击；当敌占领我某一阵地时，即以集中射击杀伤敌人，并继续以固定拦阻射击阻止敌人后续梯队进攻，同时以一部炮火反冲锋，杀伤敌预备队；我步兵发起阵地内反冲锋时，组织短促火力以急袭手段进行支援；当敌溃退时，以炮火追击敌人，不让敌人有喘息之机；步兵暂不反击时，则以扰乱射击阻止敌人修复工事。

炮兵的有力支援，极大地鼓舞了志愿军步兵的战斗情绪，也招致了敌人的极度仇视。为了对付志愿军炮兵，敌人将烟幕使用的重点从掩护其步兵进退变为阻塞我炮兵观察。一时间，我炮兵阵地和观察所周围浓烟滚滚，有时我炮兵整日失去观察能力。在这种情况下，志愿军炮兵部队以"耳"代"眼"，在五圣山主峰建立了师空中窃听所，用报话机、步谈机收听敌人的空中活动，收集情报来源，从而确保了火力支援不间断。

在实施"烟幕战术"的同时，敌人还以远程火炮结合航空火力，对我志愿军炮兵进行压制。为了有效保存自己，志愿军炮兵把坑道防护和车辆机动结合起来，同时小高炮上山增大射程，重点打

上甘岭战役中我炮兵以猛烈火力支援步兵战斗

敌炮校机，让敌炮兵失去"眼睛"；此外，还适时对危害最大的敌炮兵阵地进行压制。18～19 日，志愿军第 15 军加强炮兵第 20 团的 3 营 9 连，主动对注罗峙、松洞地区的敌炮兵阵地进行射击，击毁敌榴弹炮 21 门，并迫使敌炮转入隐蔽和后撤，从而大大减轻了敌炮兵对我纵深的威胁。

密集的火力，造成敌我双方步兵的大量伤亡。进行冲击的敌人被志愿军炮火一次次击溃；防守上甘岭阵地的志愿军守备部队也在敌火力轰击下逐渐消耗。由于运动道路被敌炮火封锁，白天后续部队根本上不去。到了夜晚，反击部队从千米以外接敌，遭敌炮火拦阻，途中伤亡很大，造成反击成功后无力坚守。因此，敌我形成了反复争夺阵地的局面，志愿军昼失夜反，敌人则夜失昼反。为了防止志愿军反击，敌人大量使用了探照灯和照明弹，把夜晚变成白昼，更增加了志愿军反击的困难。

激战至 18 日晚，上甘岭两阵地再次被敌占领。当进攻 537.7 高地北山的韩第 2 师部队攻上去后，发现阵地上的野战工事完全被摧毁，山石被炸成粉末后积淀成灰，足有 30 多厘米深。由于无法构筑工事，韩部队只好以汽油桶装上土堆成防御工事，即所谓的"汽油桶阵地"。

志愿军指战员用小兵群战术，夜间向敌人发起攻击

　　阵地争夺在 19 日晚达到了高潮。当天下午，志愿军炮兵以山炮发弹 15 发，摧毁了 597.9 高地 40 米宽的敌单壁式铁丝网，为步兵扫清了障碍。17 时 30 分，志愿军"喀秋莎"火箭炮兵两个营一次齐放，随后 103 门山、野、榴炮一起开火，向敌第二梯队集结地、严重威胁我步兵冲锋的敌迫击炮群阵地和 T－38 型多管火箭炮阵地倾泻炮弹。在炮兵支援下，志愿军 45 师组织 6 个连的兵力，与坚守坑道的部队密切配合，向占领上甘岭两高地的敌人发起反击，至 20 日 1 时，全部恢复了表面阵地。但仅仅 4 小时后，敌人就开始了拼命反扑。激战一日，志愿军终因伤亡过大，弹药消耗殆尽，除继续控制 597.9 高地西北山脚部分阵地外，其余表面阵地先后被敌夺去，两个高地的志愿军部队全部转入坑道坚守。

　　敌人对上甘岭两高地的拼命争夺，坚定了志愿军坚决打下去的决心。10 月 21 日晚，志愿军代司令员邓华在电话里勉励第 15 军，指出："目前敌人成营成团地向我阵地冲击，这是敌人用兵上的错误，是歼灭敌人的良好时机。应抓住这一时机，大量杀伤敌人。我继续坚决地战斗下去，可置敌于死地。"遵照志愿军首长的指示，第 15 军调整部署，积蓄力量，开始为决定性的反击作准备。

（五）

阵地争夺战已历时 7 天，"反上去守不住"是志愿军面临的主要问题。之所以如此，原因有三：一是敌人炮火猛烈；二是表面阵地无法构筑工事；三是接敌运动伤亡太大。因此，志愿军炮兵能否有效压制敌人的炮兵火力，并在我军接敌过程中提供全程火力护送，就成了"决定性反击能否成功、反击成功后能否巩固阵地"的关键。

为了增强炮兵力量，从 10 月 23 日至 11 月 2 日，志愿军第 3 兵团为第 15 军增调了炮兵第 7 师 2 个营，炮兵第 2 师 5 个加榴弹炮连，第 60 军野炮 2 个连，加上 20 日参战的 1 个榴弹炮营，上甘岭地区志愿军山、野、榴弹炮数量达到了 133 门。志愿军总部还把高炮第 610 团和 1 个工兵营配属给第 15 军，以加强上甘岭地区的防空力量和工程保障力量。与此同时，志愿军后勤司令部和第 15 军组织力量进行了火线运输，确保炮兵作战所需的弹药供应。

坚实的物资基础，只是夺取战役最后胜利的一个因素，况且与敌人比装备，本不是志愿军的优势，所以还须在战术指导上下功夫。为了打好决定性反击，志愿军炮兵总结了经验，进一步明确了战术思想。

首先是防空作战。由于志愿军飞机数量有限，仅限于掩护后方交通线，所以前线防空还要靠高炮。这就要协调好地炮和高炮的关系，强调"地炮支援步兵，高炮掩护地炮"的作战原则。在火力配系上，以中炮、高炮为骨干，结合小高炮和高射机枪，组成高、中、低三层火力网，互相支援掩护；在阵地选择上，中炮、高炮置于较平坦的地形上，小高炮配置于山上以增大射程，一部分高射机枪或部分轻重机枪配置于山沟底，打击顺山沟冲击的敌机；在任务区分上，中炮、高炮主要打击敌校正机、大编队机群或单架的 B—

29、B-26型轰炸机，小高炮主要打敌速度较快、对地面实施攻击的飞机，高射机枪主要打敌攻击机。为便于相互支援，高炮要与远战炮兵沟通联系，一旦遭敌炮压制，远战炮兵即可予以反压制。

其次是与敌炮战。在反复争夺阵地阶段，因贯彻"以杀伤敌有生力量为主"的战术思想，对敌炮战处于相对次要的位置。而在下一阶段作战中，压制敌炮兵将成为志愿军炮兵的主要任务之一。为此，就要树立"积极与敌炮战"的战术思想和"打则必歼"的决心，明确担负压制任务的火炮，精确判定敌炮位置，给敌以措手不及的打击。各级观察所要积极搜索敌炮阵地，必要时设置或指定专门的观察所担任此责，掌握敌炮规律。在炮战时，可组织大小口径火炮一起射击，以迷惑敌人，使其摸不清我之企图和炮兵阵地位置。为避免敌炮报复造成损失，要多设预备阵地和伪阵地，每一阵地不应停留过长，适时进行转移。

第三是战场侦察。为击破敌之"烟幕战术"，保障炮兵的有效射击，志愿军除建立空中窃听所外，还要求多设侧方观察所，彼此互相联系，形成联网；炮兵观察所和被支援步兵的观察所（或指挥所）应设在一起，或相距不远，以便于协同；加强对敌炮的搜索，要熟悉敌炮活动规律和特点，结合地形予以正确判断，还可通过审俘、敌后侦察、对烟和火光以及声音等信息的捕捉来判断；在侦察内容上，要包括敌防御体系、敌指挥所、通信中枢、预备队集结位置、敌仓库位置、敌防御工事等。

此外，志愿军炮兵还对步炮协同、炮兵通信、射击指挥、工事构筑、阵地管理等技术问题，作了明确而详细的规定。这些经验总结，对于志愿军炮兵树立正确的作战思想，打好决定性反击具有重要的指导意义。

当志愿军积蓄力量，总结经验，为决定性反击作准备时，占领上甘岭表面阵地的敌人，却像是坐在火山口上，被坚守坑道的志愿军部队搞得筋疲力尽。志愿军第15军军长秦基伟用一句非常形象

的话，概括了坑道部队的作战手段："学它个孙悟空，钻进敌人的肚子里闹它个天翻地覆。"

恼羞成怒的敌人，为消灭坑道里的志愿军部队，采取了各种残酷手段：用炸药爆破，以火焰喷射器或燃烧弹燃烧，以石、土块和成捆铁丝堵口，向坑道投手榴弹，在坑道口周围构筑火力点封锁，用飞机轰炸，用硫磺熏，甚至施放毒气，可谓是无所不用其极。

坑道部队所面临的巨大困难，牵动了全体志愿军官兵的心。由于坑道能否保得住直接关系着阵地得失，志愿军第 15 军首长指示炮兵部队：以近距离纵深炮火支援，粉碎敌人逼迫破坏坑道的企图，协同坑道内的步兵外出反击。

炮兵指挥所立即进行部署，并给实施支援的炮兵部队明确分工：

在 597.9 高地方向，炮 9 团 9 连以野炮 2 门直接瞄准射击，保障第 2、8 号坑道口的安全；45 师山炮营以 2 门山炮直接瞄准射击，负责保障主峰大坑道的安全；步兵所属第 135 团的迫击炮 18 门除补充以上火力外，负责保障其余坑道口的安全。

在 537.7 高地北山方向，炮 9 团野炮 2 门，负责保障主峰大坑道口；第 45 师山炮营以山炮 2 门，负责保障第 2、6、9 号坑道口的安全；步兵所属第 133 团的迫击炮 11 门除补充以上火力外，还负责保障 1 至 8 号坑道口的安全。

实施该任务的火炮，主要以迫击炮和推前的山炮、野炮为主。因为这些火力阵地靠近前沿，射击距离近，能直接观察。具体区分是：山炮、野炮或无后座力炮、90 火箭筒以直接射击控制向我倾斜面之坑道口，破坏封锁我坑道之敌和火力点；迫击炮阻止与杀伤向我坑道附近运动的敌人，并以火力控制阵地侧方及遮蔽的坑道口部，必要时以榴弹炮担负；榴弹炮、加农炮负责压制封锁我坑道口的敌迫击炮和大口径机枪，必要时压制敌榴弹炮火力。

在战术运用上规定：当我坑道内步兵潜出坑道反击时，我配置

在纵深的炮兵，要以榴弹炮火力袭击敌之无后座力炮，以山炮摧毁我坑道口部之敌地堡和发射点，以六〇炮打散坑道周围的监视之敌，保障步兵出坑道；炮火准备的时间，要考虑到坑道口的形状、战士体力的消耗以及出坑道后要整理队形等，根据具体情况一般最少需 7～10 分钟，以免火力和冲锋脱节；我反击成功后，坑道内二梯队要继续外出投入战斗，或我二线部队向坑道屯集，故对敌封锁坑道口的火力点，仍应以火炮专门负责破坏或压制，以防敌火力点复活或暗藏新设火力点危害我步兵；反击失利时，应以火力支援部队退守坑道，提防敌人争先或尾随我步兵突入夺我坑道。

为了密切协同，炮兵指挥员除直接观察指挥射击外，还和步兵营（团）指挥所取得了联系，在敌施放烟幕时，即可根据坑道内的要求进行射击；有时以步话机收听坑道内呼唤火力，不待步兵营、团指挥员的命令，炮兵即行射击。

炮兵部队如此细致的支援计划，极大地鼓舞了坑道部队的战斗热情，他们以积极的战术反击袭扰占领表面阵地的敌军。从 10 月 21 日至 29 日，共组织班组兵力出击 158 次，歼敌 2000 余人，恢复阵地 7 处。而每当敌人围攻上来企图报复时，坚守坑道的志愿军部队只须呼叫"张庄！张庄！我是李庄！我是李庄！苍蝇蚊子爬到门口了，快来扫扫！"这样的暗语，不到两分钟，一群接一群的炮弹，就会从五圣山前后呼啸而至，炸得敌人前倒后翻。一向迷信大炮的美国大兵，后来一听见志愿军的炮弹飞来，就吓得抱头鼠窜，高兴的志愿军战士用机枪、冲锋枪打着叫着，"打得好！""打得好！"坑道内一片欢呼声。

坑道部队的顽强坚守，为决定性反击赢得了 10 天的宝贵时。经过精心准备，反击条件逐渐成熟。10 月 27 日，志愿军第 15 军召开步炮指挥员作战会议，确定了"集中力量，先西后东，先反击 597.9 高地，巩固后再反击 537.7 高地北山"的作战方针。由于敌我炮火反复轰击，上甘岭阵地的地形发生了变化，军首长专门从前

沿坑道中抽调步兵干部，以沙盘模型向大家详细介绍了敌情、敌战术特点、地形改变等情况，并与炮兵指挥员研究了战术协同问题。

上甘岭战役中被俘的美军第7师的部分官兵

此时的敌人，在我友邻部队的攻击和坑道部队的袭扰下，已呈疲态。10月25日，遭受严重打击的美第7师被撤出整补，而将防御上甘岭两阵地的任务全部交给了韩第2师，并调韩第9师为预备队。美军这种抓韩军当替死鬼的做法，激起了韩官兵的极大愤慨，他们破口大骂美国人不讲道义。

与之对比，志愿军则兵力充足，士气旺盛。早在10月20日，志愿军首长就以第12军91团、31师配属第15军指挥，34师也做好了参战准备。

为给主攻部队创造条件，志愿军炮兵进行了一系列先期火力打击：23日和27日，两次统一组织对注罗峙、立石、杨谷、松洞之间地域的敌炮兵实施火力压制，摧毁敌105毫米口径以上火炮9门，迫使抵近我防御阵地的敌火炮向后大幅度转移；28日和29日，组织无后座力炮对主峰1、2、3号阵地暴露的敌地堡群进行破坏性射击，毁敌工事达10%；30日12~17时，以直接瞄准的山炮、野炮和推前的122毫米榴弹炮1个连，实施了突然的间接火力准备，对敌地堡群破坏达70%，为阻止敌人修复工事，还以迫击炮进行了监视射击。

（六）

1952 年 10 月 30 日黄昏，上甘岭地区暮色苍茫，寒风袭人。由于志愿军常常在黄昏发起反击，敌人便把每天的 17～20 时称作"黄昏关"。20 时一过，上甘岭阵地上的韩军纷纷钻进地堡里去避风养神，暗自庆贺又能过上一个平安夜了。

与此同时，志愿军第 15 军 45 师副师长唐万成，正站在一个炮兵指挥所里，等待着反击的开始。时间一秒一秒地过去，联系着整个前沿的所有电话总机、分机、步话机，一下子都哑然无声。终于，分针和秒针在 21 时处重合，唐万成副师长拿起通往各炮群的通话器，大声喊道："开炮！"

"开炮！""开炮！""开炮！""……"

接到唐副师长的命令，数百名各级炮兵指挥员，像后浪推前浪似的连续下达了命令。顿时，志愿军第 15 军的 104 门火炮发出怒吼，炮弹像下雨一样飞向 597.9 高地和敌炮兵阵地。强大的炮火把敌人的地堡掀开，敌人用来构筑工事的小铁轨、钢板夹着敌人的尸体被抛在半空，又狠狠地砸在半死不活的敌人头上。

10 分钟火力急袭后，志愿军炮兵实施火力延伸。在地堡里躲避弹雨的韩部队跌跌撞撞地钻出来，准备抗击志愿军步兵即将发起的冲锋。隐蔽在反斜面的韩军也纷纷爬上山来支援。就在这时，已经延伸的火力又掉转回来，对原压制目标实施了 10 分钟的火力急袭。原来，志愿军炮兵实施的是假火力延伸，阵地上的韩军完全被覆盖，大部分防御工事也被摧毁。

在火力急袭中，加强给志愿军第 15 军的火箭炮 209 团实施了两次全团一次性齐放。瞬时，无数拖着红色尾巴的火箭弹带着呼啸声掠空而过，就像一群追逐的闪电，整个上甘岭上空的云层被映得通红，比朝霞还要鲜艳。由于发射阵地选择在作战正面的侧方，虽

ZHONGWAIZHANZHENGCHUANQICONGSHU

然火箭炮发射集中，声音大，但在大山的遮障和其他火炮声音的掩盖下，敌人很难捉摸我火箭炮阵地的方向和位置。

在志愿军炮兵强大火力和灵活战术的打击下，敌人抵近的化学炮、迫击炮群和整个通信网路受到极大破坏。特别是在我火箭炮射击后，空中窃听所中就听到敌人在叫唤："XX连被歼，XX营被歼，失掉战斗力，武器被毁，通讯联络不上，步炮兵失掉联系，炮兵不明情况，无法支援步兵"等等。此后两个小时，敌炮兵始终沉寂。

炮火准备后，志愿军第15军突击队在迫击炮的支援下，数路数批次发起冲锋，后续梯队也源源不断投入战斗。为了减少运动中的伤亡，志愿军第15军于29日夜，将2个连的兵力隐蔽越过敌炮火封锁线区，进入597.9高地坑道，与原坑道部队一起作为反击的第一梯队。

步兵发起冲锋后，志愿军炮兵提供连续不间断的火力护送。迫击炮群和集中使用的六〇炮，利用其在山地便于曲射、转移射和射速快的优点，集中轰击攻击目标、反敌斜面二梯队屯集位置，消灭和迟滞敌之反扑，并对利于敌抵近的主要凹部构成拦阻地线，直接护送步兵跃进冲锋。

志愿军战士在强大的炮火支援下，向敌人发起勇猛顽强的反击

131

直接瞄准射击的炮兵，对妨碍步兵前进的敌侧方与正面火力点实施压制，消灭射程内可以射到的敌探照灯，继续压制和消灭敌固定坦克。

远战炮兵，积极地、不间断地压制敌炮兵尤其是敌迫击炮；按预先准备的地段，实施固定拦阻，一直持续到第二梯队投入前沿阵地；同时适时机动，以集中射击手段，及时增强射击敌主要反扑方向。

由于我炮兵支援准确、及时，突击部队就像跟着炮弹的脚步冲击一样，炮火前脚刚落到敌人的下一个阵地上，步兵的后脚就站在了前一个阵地那些残存的地堡、火力点的洞口。没等敌人向外钻，志愿军战士就一阵冲锋枪、手榴弹把他们消灭在里面。而整个突击部队的位置，就夹在前面我军弹幕和后面敌人弹幕中间，敌我双方的炮弹就像长了眼睛一样，前面的"开道"，后面的"送行"，始终给我步兵留着一个空隙地段，这可真乐坏了志愿军步兵！经5个小时激战，志愿军将韩第2师第31团的1个营又1个连全部歼灭，并击退韩军1个营的多次反扑，歼其一部，恢复了597.9高地除东北山腿2、8、11号阵地以外的全部阵地。

根据反击准备阶段总结的经验，志愿军第15军首长将反击部队和固守部队分开，反的只管攻，守的只管防。为激励固守部队，凡是坚守24小时的部队，都给立功。这种别具一格的兵力使用方式，保证了我军攻守兵力的平衡，有效地避免了昼失夜反局面的再次发生。

我军反击成功，使敌人大丢颜面。从10月31日4时开始，敌人拼命反扑，试图夺回失去的阵地。志愿军炮兵则立即转入支援步兵巩固阵地阶段。部队一上去，炮兵部队即按照预定计划，以最有力的手段，对敌第二集结地区和火力点实施火力袭击，力争阻止或扑灭敌由纵深内部开始的反扑。11月1日1时4分，敌一部在597.9高地东南凹部集结，准备实施反扑，我炮兵以火箭炮4个连

实施一次性齐放，以突然猛烈的火力将其大部杀伤并将该敌击退。

我迫击炮群和抵近射击的山炮、野炮，充分发挥位于第一线发现情况及时的优势，在我第二梯队赶到阵地后，对主要地段实施火力拦阻袭扰，如无其他情况，则停止发射，控制弹药，以应付突然发生的情况。

11月1日夜，志愿军第15军调整部署，以第12军91团，换下了苦战19天的第45师的135团和134团。为进一步加强炮兵力量，保障巩固阵地，11月4日，志愿军炮2师以6个榴弹炮连参战。次日，志愿军第3兵团调整部署，决定以第12军接替第15军45师的任务。

为统一指挥，志愿军组成了五圣山指挥所，以第12军副军长李德生负责，该指挥所和炮兵指挥所统由第15军军长秦基伟直接指挥。相应地成立了炮兵指挥所，由炮兵7师师长颜伏负责统一指挥支援五圣山前沿作战的各配属炮兵，并将炮兵群重新编组，由7个群改编为4个群：

第1群，由炮11团1、2营和炮20团2、3营组成；第2群，由炮28团1营、炮29团1营和炮30团的4个连组成；第3群，是火箭炮第209团，为机动炮兵群；第4群，由高射炮兵第610团和20营、35营组成高射炮兵群。步兵第92团炮兵群，由炮兵第9团3营组成。

由于志愿军炮兵对反扑之敌进行了层层火力拦阻，进攻之敌往往未能靠近我前沿便被击溃，从而使我597.9高地岿然不动。至11月5日以后，"联合国军"停止了对597.9高地的反扑。

巩固了597.9高地后，志愿军适时机动兵力火力，将反击重点转向537.7高地北山。11月11日16时，志愿军炮兵以榴弹炮52门、迫击炮20余门和火箭炮1个团，支援第12军第92团2个连又1个排发起反击。激战至17时，全部恢复了表面阵地，歼灭据守阵地的韩第2师1个营大部。此后，志愿军又用迫击炮和步兵火力予

敌杀伤，并尽一切力量构筑地面和坑道工事。

在志愿军的强大反击下，敌人损失惨重，渐渐无力进行营以上兵力的攻击，遂改以 1 个排至 1 个连的兵力进行连续的小型进攻。同时，以猛烈的空、炮火力对我志愿军炮兵进行报复。

面对敌人的挑战，志愿军炮兵坚持"以火力确保巩固"的思想，除以部分火力控制阵地安全和掩护加修工事外，集中力量进行了为期一周的对敌炮战，重点打击对我危害最大的敌迫击炮群和推前的榴弹炮。11 月 7 日，志愿军炮兵组织了 4 个炮兵连对注罗峙、桥甲里、城柱岘等敌炮兵阵地进行袭击。由于志愿军前线没有空军，敌炮兵气焰甚为嚣张，从来不构筑工事，仅以麻袋垒成围墙，上盖棚布，牵引工具和弹药都堆在靠近阵地的公路上，在我炮火袭击下，敌炮兵阵地迅速燃起熊熊大火，根本无法还击。后来敌炮兵阵地一遇到我炮击，就以另外一至两个炮群对我进行反压制，并以空军进行临空轰炸。我炮兵则充分机动，快打快撤，当敌机临空时，我高炮部队刚好逮个正着。

战至 11 月 25 日，韩第 2 师由于伤亡惨重，南撤整补，其防务交韩军第 9 师接替。从此，敌停止了对 537.7 高地北山的进攻。上甘岭战役随之结束。

（七）

在历时 43 天的上甘岭战役中，"联合国军"先后投入 3 个多师 6 万余人、300 余门火炮、近 200 辆坦克、3000 余架次飞机，发射炮弹 190 余万发，投掷炸弹 5000 多枚；志愿军则陆续投入 3 个多师 4 万余人，山、野、榴弹炮 133 门，火箭炮 24 门、高射炮 47门，迫击炮 292 门，共发射 35 万余发炮弹。而承受这一切的上甘岭 597.9 高地和 537.7 高地北山，总面积仅 3.7 平方公里！按地区面积落弹量计算，超过了一战时期战斗最激烈的凡尔登要塞争夺战

和二战时期的斯大林格勒战役。

在整个战役期间，志愿军炮兵对敌炮战16次，配合步兵反击43次，配合步兵阻击39次，配合步兵袭击6次，对空作战792次，共计896次。取

志愿军战士将红旗插上上甘岭主峰

得了歼敌12801人的战果，占总歼敌人数2.5万余人的一半以上。此外，还击落击伤敌机74架，击毁击伤敌大口径火炮61门、坦克14辆。对此，毛泽东在1952年12月16日指出："今年秋季作战，我取得如此胜利，除由于官兵勇敢、工事坚固、指挥得当、供应不缺外，炮火的猛烈和射击的准确实为致胜的要素。"

不仅如此，志愿军炮兵在上甘岭战役中所取得的辉煌胜利，还预示着我军已从原来的枪战为主向炮战为主转变，这是现代化战争的特征，也是我军发展的方向。而其所体现出的英勇顽强、战斗到底的"上甘岭精神"，更是与五圣山同在，与日月同辉！

一切为了前线　一切为了胜利

后勤，被称为现代战争的"瓶颈"。在我军所经历的现代化程度最高的抗美援朝战争中，志愿军司令员彭德怀就曾不无感慨地说："战争打赢了，一半功劳归后勤。"无独有偶，上甘岭战役期间，志愿军第 15 军军长秦基伟也曾深情地对该军后勤部长尤继贤说："打罢上甘岭，给后勤记头功。"将帅认识如此一致，足见抗美援朝战争中后勤工作对我军的作战影响之深。事实上，正是从抗美援朝战争开始，我军才真正学会了如何组织现代战争的后勤保障。既然如此，就让我们通过震惊世界的上甘岭战役，去领略一下后勤对现代战争所起到的巨大作用。

（一）

1952 年 10 月 14 日，以美国为首的"联合国军"发动金化攻势，代号"摊牌"，企图一举攻占志愿军第 15 军防守的上甘岭地区597.9 高地和 537.7 高地北山，进而夺取五圣山，突入平康平原，扭转因我军秋季战术反击作战给其带来的战场被动局面。

敌人的进攻可谓蓄谋已久。8 月以来，美第 8 集团司令范佛里特 3 次窜至志愿军上甘岭阵地正南鸡雄山查看地形，并在担任主攻任务的美第 7 师师部召开会议，亲自谋划这一行动。美军后勤保障

也同时展开：加固工事，修建仓库，运送弹药，贮备物资，运输量骤然增大，超过了平时的1～2倍，公路一直修到我军前沿和鸡雄山顶。为防止志愿军观察，敌人白天运输都在烟幕掩护下进行；夜晚接近我前沿时则关灯开进，或将探照灯放低，利用其光线进行运输。到10月上旬进攻准备就绪时，敌人共囤积了30000万辆汽车的物资；200架次飞机和16个炮兵营280余门大炮也可随时提供最大火力支援。范佛里特乐观地估计，只要付出200多人的伤亡，就可以达到目的。

此时，志愿军秋季战术反击作战仍在进行当中。担负上甘岭地区防御任务的志愿军第15军，准备以45师于10月18日对上甘岭东北敌占注字洞南山实施反击，拔掉这个威胁我军侧翼安全的"钉子"。按照志愿军"划区供应和建制供应相结合"的后勤供应体制，志愿军后勤第2分部接受第3兵团指导，以其第9大站和第14兵站医院保障第15军。第15军后勤部位于大峙，有3个兵站、1个军械库、2个汽车队、3个医疗所、1个担架运输营和2个监工连，分别对平康、五圣山两个方向实施保障：第3兵站、第2汽车队、第1医疗所及军械仓库，保障右翼平康方向之44师；第1兵站、第1汽车队、第3医疗所保障左翼五圣山方向之45师；第2医疗所支援东西两线机动使用。10月8日，志愿军45师准备参加反击的炮兵进入阵地完毕，共有山炮、野炮、榴弹炮43门，火箭炮24门，高炮7门，指挥通信设备均指向注字洞南山。为保障这些火炮充分发挥威力，第15军后勤部门突击抢运反击所需之11万发炮弹，同时还要兼顾平康方向鸭山筑城器材的运输。45师后勤部门有弹药库、粮秣库、救护所、担架运输营、监工连、大车连各1个，按坚守上甘岭、五圣山和反击注字洞南山之敌成一个梯队展开，师后勤指挥所设在内松馆。为保障第133团、第134团反击注字洞南山，师后勤于10月12日在德山砚开设了师前进弹药库，并成立战勤办公室，加强前送后运的组织指挥。

战争的魅力即在于此：敌我双方不谋而合，都准备在上甘岭地区发动一场攻势。但战争的残酷也在于此：上甘岭 597.9 高地和 537.7 高地北山，总面积不过 3.7 平方公里，却要承受如此强大的兵力、火力突击。这预示着即将开始的战斗，将是一场名副其实的"打钢铁，打后勤"的竞赛。

（二）

1952 年 10 月 14 日凌晨 3 时，上甘岭地区的崇山峻岭还笼罩在一片夜色当中。突然，敌 16 个炮兵营 280 余门大炮同时开火，向志愿军第 15 军部队的阵地猛烈轰击，上甘岭战役正式打响。

依仗充足的弹药储备，敌炮兵肆无忌惮地向志愿军阵地倾泻"钢铁"。仅开战第一天，敌即发射炮弹 30 余万发，敌机投弹 5000 余枚，志愿军阵地被打成一片火海，表面工事尽被摧毁。由于 45 师炮兵主力正准备反击注字洞南山而来不及调整部署，调转炮口参战，担负上甘岭 597.9 高地和 537.7 高地北山守备任务的志愿军 45 师 135 团 2 个营官兵，只能凭借手中的轻武器，依托各暗火力点，与发起密集冲锋的美第 7 师和南朝鲜第 2 师的 7 个营展开激战。

前方的战斗牵动着后勤官兵的心。志愿军 45 师后勤多次向前方了解情况，但因有线电和无线电通信遭敌炮击一度中断，结果都是"情况不明"。在 597.9 高地和 537.7 高地北山，我 135 团官兵伤亡和武器弹药损耗剧增：至下午 17 时，共有 500 余名伤员亟待后送；135 团 9 连在 13 小时的战斗中，共打退敌冲击 30 余次，武器除 60 炮和 90 火箭筒外，只剩下步枪 8 支，冲锋枪 7 支，轻机枪 1 挺，弹药消耗殆尽。志愿军守备部队被迫全部退守坑道作战。此间，135 团后勤曾于 13 时组织人力向前运补弹药，但敌火力严密封锁了我前沿阵地和后方运动道路，直到 18 时，才陆续将弹药送至营粮弹所和 82 迫击炮阵地。19 时，军、师首长考虑到 45 师炮兵主

力经过移动阵地、改造火口，已经做好了支援步兵反击的准备，遂以第135团3个连另2个排实施反击，经3小时战斗，在转入坑道部队的有力支援下全部恢复阵地。

第一天的激战以我军阵地失而复得结束。鉴于敌夺取我五圣山的企图已十分明显，14日晚，志愿军第15军党委研究决定：即报志愿军司令部、兵团批准，调整45师部署，集中兵力火力于上甘岭方向；调第133团和第134团各1个营，作为第135团预备队，增加597.9高地和537.7高地北山的防御力量。次日，志愿军总部复电同意，并指出：第15军"反击注字洞南山暂不进行为宜"，应集中力量"粉碎敌人的任何进攻，并组织连续的小反击作战，求得大量毙伤敌人"。

（三）

14日晚，志愿军第15军后勤部召开党委会议，根据战况和军首长作战决心进行分析判断，决定：使用主要力量于五圣山方向，保障上甘岭地区之战斗；鉴于我后方纵深较大，将原一线配置改为梯次重点配置，部分后方分队适当前伸；针对敌重点进攻，报请志愿军后勤部加强第15军的后勤力量。

据此，第15军后勤部向军指挥所派出军械员一人，向第9大站派驻军械副科长，掌握情况和进行联络，军后勤部科长值班，掌握全盘情况；按1万名伤员预算，以第3医疗所负责伤员总收容任务，以第2医疗所配属临时组建的3个休养连负责伤员后送及留治归队任务；将原为保障反击注字洞南山而配属给45师的2个军后勤手术组于内松馆展开工作；抽出专门的部队担任道路维修、防空哨、警卫与搜山捕特、仓库装卸等任务。

第45师后勤处亦根据军后勤部和师首长的指示精神，立即着手将原反击注字洞南山之物资、人力向上甘岭方向机动。并决定：

第133团后勤处将原储备于水泰里、注字洞方向之弹药，以后勤分队及部队3个连的兵力运至上所里及537.7高地北山阵地；师后勤除原加强第135团1个担架运输连外，根据情况再加强该团1个连，以增加597.9高地方向的物资前运和伤员后转力量；为便于伤员统一收转，令第133团在宗铁洞开设救护所，作为师中途检伤接转站；为解决师后勤运力不足问题，经师首长同意，使用高炮第35营汽车3~5台，担任师后勤与团后勤之间的倒短运输。

充分的准备是取得战争胜利的根本前提。尽管敌人在第一天战斗中达到了突然袭击的目的，但志愿军在顶住敌第一轮攻击之后，迅速调整了作战及供应部署。敌我双方一个必取，一个必守。一场震惊世界的阵地争夺战由此拉开帷幕。

(四)

1952年10月15日凌晨5时，美第7师和南朝鲜第2师共计4个营的兵力，在飞机、坦克、大炮的掩护下，再次向上甘岭597.9高地和537.7高地北山发起连续的集团冲锋。志愿军守备部队在我炮兵火力支援下，以顽强抗击和适时反击的战术手段，大量杀伤敌有生力量。

较量同时在志愿军后方地域展开。应第15军后勤部提请，志愿军后勤部将原支援第15军助运鸭山筑城器材的汽车第7团第2、6两个连加强给第15军；第2分部第9大站根据第15军的参战武器，保持各种炮弹10个基数的储备，并增加第15军2个基数的弹药，批准第15军将反击注字洞南山之11万发炮弹使用在上甘岭作战方向上；由第1、2、3分部抽调9台卫生救护汽车，由第2分部抽调1个担架营，迅速后送第15军伤员。志愿军司令部还专门发出电令：第15军除由军后勤部掌握2个基数的机动弹药外，其余全部分发到师以下重点作战部队自行掌握，机动使用。如此，为保障上甘岭方向作战，志愿军的后勤补给线从志愿军后勤第2分部第9大站、第15军后勤、第45师后勤、第135团后勤，一直延伸至上甘岭597.9高地和537.7高地北山前沿阵地。而敌为切断我前沿阵地之后勤供应，不但火力封锁我30公里纵深，还重点轰炸我交通运输线，夜间则以喷气式飞机袭击我运输车辆。

按运输手段的不同，可将上甘岭战役期间志愿军后勤补给线分为两段：

第一段，从第2分部一直到第135团后勤所在地獐谷。由于路途较远，第9大站距第15军后勤15～30公里，第15军后勤第1、第2兵站距第45师后勤所在地30公里，第45师后勤距第135团后勤所在地18公里，因此物资前送主要依靠汽车，伤员运输主要依靠担架逐级后送。此外，沿途山多林密，地形复杂，虽然便于防空和防炮，但也为汽车通行带来很大困难。特别是从师后勤所在地到团后勤所在地，已进入敌火炮射程范围之内，经常遭敌炮火猛烈轰击。至17日，第15军后勤部已损坏汽车2台；军汽车队功臣司机陈永新为抢救同伴汽车而牺牲；另有部分汽车因超级前送，被阻于德山岘师后前进仓库附近，运输工作一度陷入混乱。

面对困难，第15军后勤部毅然提出"一切为了前线，一切为了胜利"的口号，并采取了各种应对措施：追悼功臣司机陈永新，对司机进行深入动员；实行干部带车，加强运输管理；

运输队穿过敌炮火封锁线，给坚守上甘岭阵地的部队送饭

在县里、洗浦里两处架设电话，设立指挥站、加油站、检修站、食宿站，加强指挥及服务工作，保障不间断运输；由军后勤抽出汽车3台，由高射炮第35营抽出汽车20台，加强45师后勤，担任师、团间的中短运输，解决人力、畜力不足的问题；以队列处和军后勤派人成立战勤办公室，专门掌握弹药消耗、补充情况与战勤力量的调配使用，使后方能及时了解作战情况及作战意图，方便军首长对后方的指挥；命令各级组织战勤支前队，承担后送伤员及前送物资等支前任务。从而解决了情况和任务多变、运输车辆不易掌握等一些问题，运输效率大大提高，由每晚出车40台提高到80台。

第二段，从第135团后勤所在地獐谷至上甘岭597.9高地和537.7高地北山阵地前沿。沿途地势高峻，五圣山高达千余米，横贯于上甘岭阵地与团后方地区之间，物资运输只能靠人力、畜力完成，伤员也要由担架后送，甚至用人来背送。其中，从獐谷有1条道路经水泰里、菊亭岘通往597.9高地，纵长8公里；从獐谷有2条道路通往537.7高地北山：一条经水泰里、高突岘、上所里到达，纵长9公里；一条经下店、上所里到达，纵长10公里。由于这3条道路皆遭敌炮火严密封锁，接近前沿时还要遭受敌步兵武器射击，因此我前沿人力运输伤亡极大：至17日，第135团手推车连伤亡达50%；第1、3营运输队伤亡高达80%～90%；师加强给第135团2营的运输队，50余人中已伤亡38人，达76%；某部辎重连昼夜不息运输，有40多人因疲劳过度而吐血，其他如腿肿、肩肿、脚肿起来，消下去又肿起来的现象，比比皆是。

为保障前沿作战的需要，第135团后勤部召开全体人员动员大会，实施白天强行补充；由卫生队副队长带人去1营进行处理，解决大量伤员的救治问题；派司令部副参谋长到后勤负责火线运输的指导。此外，鉴于营已无力组织前送，取消了营粮弹所，改为团的物资接转站，物资由团直送阵地或坑道。第135团前沿接转站位于菊岘亭附近，弹药经由该处送往597.9高地；第133团前沿弹药接

转站位于上所里附近，弹药经由该处送往 537.7 高地北山阵地。

尽管如此，由于敌机、敌炮的严密封锁和未完全掌握其封锁破坏规律，团以下弹药前送和重伤员后送受到很大限制。一夜运上去的弹药几个小时甚至几十分钟就消耗殆尽；伤员也急剧增多，需要大量后送。全师形成了"小打两天才能大打一天"的局面。18 日 12 时，上甘岭两高地表面阵地再次被敌占领。为有把握地歼灭敌人，恢复阵地，第 15 军首长决定推迟一天反击，借以整顿部队，积蓄力量。

10 月 18 日，第 2 分部根据志愿军后勤部指示召开战备检查会议。决定除以第 9 大站继续供应第 15 军外，第 6 大站、第 28 兵站医院、第 17 大站、第 13 兵站医院亦有保障第 15 军上甘岭作战之任务；将汽车第 6 团 4 个汽车连配属第 6 大站执行任务，分部汽车将前送物资直送第 15 军第 2 兵站，缩短该军运输纵深；为保障运输安全，对付敌之喷气式夜航机，决定调整防空哨部署，缩短防空哨距离，加强鸣枪报警。

第 15 军各级后勤部门突击抢运 19 日反击所需之 5 万发炮弹。19 日晨，上甘岭地区大雾迷漫，45 师后勤处动员司机趁机实施白天抢运，至 15 时，终于超额 5.3％完成了反击前的弹药运输。为加强伤员后送，军后勤部派人在师救护所附近设伤员后送联络站，实施逐级前接和分段负责：以 9 台卫生救护汽车主要负责内松馆至直浦里第 3 医疗所之伤员后送；以师团组织的 988 副担架主要负责由前沿阵地经獐谷、宗铁洞至内松馆段伤员后送；宗铁洞至内松馆间并有朝鲜人民担架助运。此外，回空汽车亦有后送伤员之责。

第 135 团后勤担负了艰苦的运输任务。为集中运力，团首长组织机关人员、二线连队、炮兵分队参加突击抢运；为提高效率，背运采取"去毛减重"的办法，并规定运输人员凡前送物资必须后送伤员；为防止拥挤而造成伤亡，另辟一条小路，由獐谷经龙水洞、五圣山、菊亭岘至 597.9 高地，长 12 公里，地形隐蔽，便于防炮，

但由于五圣山段非常狭窄陡滑，攀登吃力，因而作用有限；为充分保障反击部队和坑道部队的战斗，规定反击部队加大弹药携带量，并准备好运输力量跟随反击部队，利用反击效果向阵地突击补充弹药，抢回伤员。此外，还派团后勤协理员赴前沿团物资接转站组织指挥，以团担架连1个排负责由3营救护所向下抢运伤员。

1952年10月19日17时30分，志愿军再次向敌发起反击。45师投入6个步兵连在103门火炮和坑道坚守部队的支援下，于20日1时全部恢复表面阵地。反击成功后，45师各团后勤立即向前沿补充物资，但遭到敌紧随我反击部队前进后而来的炮火的严重杀伤，运输人员和物资损失80%以上，把弹药送上阵地的不到10人。为保障继续战斗，志愿军反击部队只好组织力量收集遗弃在阵地上的武器弹药，弥补前送的不足。从20日5时开始，敌3个团又发起连续反扑，激战至13时，志愿军终因伤亡过大，弹药消耗殆尽，除597.9高地之0、4、5、6号阵地外，上甘岭其余表面阵地又被敌占领。我两高地部队遂转入坑道坚守。

（五）

敌对上甘岭阵地的反复争夺，坚定了志愿军首长坚决打下去的决心，并将之视为在野战条件下"歼灭敌人的良好时机"。鉴于"反击成功后守备部队伤亡过大和我军火力薄弱"是"反上去守不住"的根本原因，志愿军第3兵团将第12军主力调至五圣山地区作为战役预备队；以29师接替45师除597.9高地和537.7高地以外的全部防务，使45师能"全力执行反击作战，直到全部恢复原有阵地为止"；从纵深抽调炮兵增强45师火力，使上甘岭地区的迫击炮由原来的36门增至52门，榴弹炮由原来的66门增至133门；调高炮第610、第601团至德山岘、水泰里地区，增强上甘岭我军的对空防御。

伴随兵力、兵器加强而来的是后勤保障任务的加重。连日来，由于第 15 军加强部队和加强兵器进入阵地，洗浦里至内松馆公路上车辆拥挤，交通堵塞；在内松馆至五圣山下的狭窄地区内，即集中了 4 个步兵师建制的部队和 13 个地炮营、5 个高炮营；在獐谷不到半平方公里的地区内，也有 4 个团的救护所挤在一起。再加上敌占领我表面阵地以来，对我后方目标和前运后送道路的封锁破坏加重，严重影响了运输车辆的前送。

为解决交通问题，志愿军司令部根据第 15 军的申请，令工兵 22 团第 3 营加强 45 师，配置于真莱洞、松馆岘、德山岘地段，抢修至五圣山下的道路，提高后方道路的通行能力；第 15 军后勤部派运输科副科长和汽车第 1 队队长，分别至县里、洗浦里两地指挥调度站负责车辆的调度指挥；第 45 师由师司令部、师后勤处分别组织人员在德山岘至真莱洞、真莱洞至内松馆间指挥交通。

此外，志愿军司令部为统一指挥，指定第 15 军后勤部统一负责供应第 12 军参战部队和其他加强的炮兵部队，并派第 2 分部一名副部长前往第 15 军掌握及时补给；第 15 军后勤部为解决军马收容治疗问题，派兽医科协同 45 师在内松馆组成临时军马救护所，各团、营亦先后成立了军马救护组织；45 师后勤为加强医疗保障，除将手术组加强给 133 团、135 团外，还派卫生干部到前沿伤员接转站统一指挥医疗后送工作，令 135 团与 86 团救护所联合办公，担任全部伤员的收容、治疗任务，以第 91 团和炮 11 团救护所担任轻伤留治和重伤员后转任务。

就在志愿军调整部署的同时，坑道斗争也在全面展开。敌人为消灭我坑道内的志愿军坚守部队，使用了各种残酷手段来封锁坑道口，企图阻断我坑道部队的后勤供应。而坑道中的志愿军部队，只有依靠反击成功才能进行粮弹和水的补给。在坑道被打短、容量减小、人员拥挤的情况下，坑道内因空气稀薄点不着火，因缺水有米也不能做饭，有干粮也难以下咽。尽管如此，我坑道部队仍英勇坚

守，轻伤员继续战斗，重伤员参加擦枪与调整弹药等勤务。

当时坑道供应的迫切问题，除补给弹药外，主要是解决饮水和干粮供应困难。为保障坑道部队的供应，第15军后勤部通过军战勤办公室，通知军直及师直机关部队，为上甘岭作战部队蒸馒头，买水果，并将后方机关部队的

由于敌人的封锁，坑道内用水困难，战士巧取地下水

水壶抽出，交由进入上甘岭坑道阵地的战斗部队。坑道内部队则在支部的坚强领导下，加强对饮水的管理，尽量先照顾伤员的饮水食用。对于来源不易的水，主要使用在作战反击之后的关键时刻。

伤员救治是坑道斗争的另一个难题。鉴于从前沿至军后勤的路程达60公里，要经过敌机封锁点5处、敌炮封锁点10余处，致使伤员在到达各级卫生机关的时间较一般情况下要长得多。为解决途中困难，志愿军后勤在前沿至军后勤的道路上设置了7处检伤接转站，进行补充包扎，止血与给水。而对于难以后送的伤员，主要依托坑道救护伤员。但因坑道内缺水，空气污浊，医药材料缺乏，卫生力量薄弱，致使伤员得不到较好的护理。一些疾病在退守坑道部队中初期十分

卫生员在阵地为伤员包扎

严重。对此，志愿军后勤指示第一梯队各营医生和卫生员全部进入坑道实施救护，并加强预防注射和对坑道部队的药材供应。至坑道斗争阶段末期，坑道护理工作已有所改善。

1952 年 10 月 25 日，第 15 军召开师以上干部作战会议，决定于 10 月 30 日首先对 597.9 高地实施决定性反击，待收复阵地并巩固后，再反击 537.7 高地北山。根据坑道斗争的特点，此次反击将大量使用迫击炮弹轰击占领我表面阵地之敌。弹药除每日随耗随补外，另预算了 11 万发反击任务的炮弹，要求军后勤在 29 日前完成前送任务，并须将 3 万发迫击炮弹送至上甘岭炮兵阵地。鉴于第 2 分部迫击炮弹已库存不多，志愿军后勤决定由第 1、4、5 分部抽调装满 417 台汽车的弹药运往第 2 分部，以使第 15 军作战时火炮每日每门平均可以得到 300～500 发炮弹的供应。

第 15 军后勤部集中力量抢运 10 月 30 日反击所需的 11 万发弹药。为此，以 4 个汽车连全部投入上甘岭方向的运输；命令作战部队第二梯队担任火线运输；将 85 高炮前推上山，打敌炮兵校正机，以减轻敌炮、敌机对运输人员的威胁；抽调高炮团 1 个营掩护以五圣山为屏障的狭谷地带，实施白天运输。高炮 35 营 20 台汽车和军后勤配属师后勤的 5 台汽车，则开展了红旗竞赛，以黄继光英雄事迹作鼓舞，将运输量从原来的每天运 2 趟提高到昼夜运输 10～12 趟，行程约 300～360 公里，直接把弹药送至炮兵阵地和团后勤物资接转站，从而大大提高了运输效率并缩短了人力运输纵深。

从团后勤至前沿坑道之间的运输最为困难。运输人员不但要通过敌 10 余条封锁线构成的"火墙"和"火网"，在接近坑道时还要受敌地堡群、火力点、探照灯与照明弹的封锁控制；由于坑道被打断，坑道口变形，常常发生运输员因找不到坑道而误入敌阵地的情况；而当战斗激烈时，跟随反击部队的运输员又主动参加战斗，甚至还有个别部队指挥员自行留用运输员，不但使运输员的伤亡高达70％～90％，极大地增加了后勤工作的困难，更为严重的是，团后

勤的通讯联络没有保障，主要依靠运输员往返传达情况才能及时确切地进行补给，运输员一旦被留用，联络即告中断。为此，军后勤通令禁止强迫扣留运输人员并制止运输人员自动参加战斗，以免打乱运输计划。

第45师后勤和战勤办公室召开了改进人力运输研究会议，总结推广各团的先进经验。在任务区分上，采取"统一组织使用，按地区分段接力，定量包干"的办法；对火线人力运输的组织采取"散""轻""尖""精""硬"的原则；制定人力运输员守则，确保运输人员能准确及时地将物资运往坑道，避免其误入敌阵地；给人力运输员明确的情况处置方法和战术指导；由连军械上士为主从各二梯队班抽调12～13人，组成坑道运输组，解决坑道与表面阵地之间的运输问题。从而提高了运输效率，运输人员的伤亡也大大减少，使坚守坑道部队的保障有了改善。

（六）

1952年10月30日晚9时，志愿军第15军建制和加强的104门火炮突然发出怒吼，炮弹飞向597.9高地和敌军炮兵阵地，开始了决定性反击的直接炮火准备。随后，第15军45师和29师投入7个连的突击队，在迫击炮火力的支援下，数路数批依次发起冲锋，后续梯队也连续投入战斗，经过5小时的激战，恢复了该高地除第2、8、11号阵地之外的全部阵地。

反击成功后，志愿军迅速转入坚守阵地作战。由于敌我炮火的反复轰击，地面岩石已被炸成1米多深的松土，不但无法构筑工事，一般的手榴弹扔在上面也失去了威力，志愿军守备部队只好将敌人尸体及米包面袋堆积起来作急造掩体，并向后勤部门申请供应爆破筒、加重手榴弹、反坦克手榴弹、地雷、麻袋等物品。然而由于参战兵力兵种的增多，已使第2分部库存弹药空虚，志愿军后勤

部遂立即拨给第 2 分部 180 个车皮的物资，加强第 2 分部的弹药储备，保障源源不断地供应弹药；同时根据第 15 军的申请以及作战所需，对爆破筒、加重手榴弹等弹药的储备按每日使用 3000 发增至 10000 发。另增发地雷 5000 个，拨给麻袋 50000 条，以保障每日约需 1500 条麻袋的供应。

与此同时，为加强后方地域内的统一指挥，及时供应参战各兵种部队，第 15 军后勤部从第 1、2、3 兵站各抽调一部分装卸、保管等工作人员共 112 名，由军后勤部副政委和军需科长率领组成前进兵站，并成立联合办公室，于 11 月 5 日前至内松馆附近展开工作。第 12 军后勤部副部长亦率领部分人员于该站办公。而对于换下阵地休整的部队，第 15 军后勤部立即拨给物资，改善其生活，使之迅速恢复体力以便继续进行战斗。其中，给 45 师每团 50 只生羊及各种蔬菜、日用品，并补充了武器弹药和被服。

利用交通壕向上甘岭阵地运送弹药

11月5日，第3兵团根据志愿军司令部的指示，以第12军部队接替第15军上甘岭地区的防务。由于参战部队在战斗中移交，事先无准备时间，接班部队初上阵地，对敌情和地形不熟，掌握不住敌炮规律，加之部队离开原驻地，到达新的作战地区后缺乏储备，困难很多。为此，第12军31师和第15军45师换班后，其后方机关分队基本仍按45师原配置展开工作。除接收45师的物资外，还得到第15军后勤部的直接供应。45师及其各团的后勤机关仍继续支援该师进行保障工作。11月9日，朝鲜淮阳郡县里担架队行至宗铁洞附近时遭敌机轰炸，担架队员朴在根趴在伤员身上，以自己的生命换来了伤员的安全。为纪念这位伟大的国际主义战士，第15军政治部和后勤部于10日在县里召开追悼会，并在我后勤机关部队进行了广泛的国际主义教育。

我军在巩固了597.9高地之后，又从11月11日起将作战重点转至争夺537.7高地北山，并于半个月后恢复和巩固了该高地的主要阵地。第15军后勤部门随之展开清理途中和坑道中烈士以及遗弃弹药的工作。至11月25日，敌因伤亡惨重停止了对上甘岭537.7高地北山的进攻，上甘岭战役随之结束。

（七）

整个上甘岭战役历时43天，志愿军后勤分部和第15军后勤机关部队及第12军参战的后勤工作人员，共供应物资16178吨，消耗物资11074吨，其中弹药5530吨，油料886吨，主副食和棉装等4658吨；第15军后勤部共出动汽车7315台次，行驶786989千米；在6691名伤员中，军后勤后转占46.8%，留治及归队占50.4%，伤死率为2.8%，手术率为57.6%；对于重休克患者和腹部手术伤员，军、师做到了80%的输血，而血液全部是工作人员主动献出。事实证明，正是志愿军后勤官兵以无比的英勇和顽强的支

前热情，用超体力的劳动和日夜不休的工作，才为上甘岭战役的最终胜利奠定了坚实的基础。也正因为如此，才有了本文开头的那句话："打罢上甘岭，给后勤记头功！"

附录：上甘岭战役大事记（1952 年）

10 月 8 日　板门店停战谈判破裂，美方代表哈里逊宣布无限期休会，扬言"让大炮和炸弹与你们辩论吧！"同一天，"联合国军"总司令克拉克批准了蓄谋已久的"金化攻势"计划，准备夺占志愿军在上甘岭地区防守的 597.9 高地和 537.7 高地北山。

10 月 14 日　范佛里特经过精心准备之后，发起了"金化攻势"，以美第 7 师攻击 597.9 高地，以韩第 2 师攻击 537.7 高地北山。上甘岭战役爆发。当日，我前沿步兵依托坑道的坚固工事，连续击退敌人 7 个营兵力的集团冲击 10 余次，后因伤亡过大退守坑道。下午 19 时 5 分，45 师以 4 个连的兵力，对立足未稳之敌，分 4 路进行反击，在坑道部队的配合下，激战 3 小时，全部恢复阵地。在这次反击中，第 135 团 7 连 2 排排长孙占元在两条腿被炸断的情况下，仍然坚持战斗。当美军冲到身边时，他勇敢地拉响手榴弹，将冲上阵地的敌人炸死，自己也壮烈牺牲，保证了反击战斗的胜利。

10 月 15 日至 17 日　美军先后投入 2 个团又 4 个营的兵力，在炮兵、坦克和飞机的支援下，向 597.9 高地和 537.7 高地北山实施轮番进攻，志愿军第 15 军采取顽强抗击与适时反击相结合的战法，与敌人展开激烈争夺。激战至 17 日，两个高地的表面阵地多次被"联合国军"占领，志愿军第 15 军又多次组织反击夺回。

10月18日　两个高地的表面阵地再次被"联合国军"占领，志愿军第15军秘密向两个高地的坑道内输送兵力，准备19日反击，恢复表面阵地。

10月19日　我志愿军7个突击连（含坑道部队两个连），分别向敌人占领的597.9高地和537.7高地北山表面阵地实施反击，激战至20日1时，歼敌5个连，恢复了全部表面阵地。在反击597.9高地0号高地的过程中，黄继光以血肉之躯堵住敌人的枪眼，为突击部队的前进开辟了道路，保证了反击的胜利。

10月20日　"联合国军"在30架飞机和强大炮火的支援下，以美军和韩军各1个营，向志愿军阵地进行拼命反扑。激战一日，志愿军因伤亡过大，弹药消耗殆尽，除继续控制597.9高地的4、5、6号阵地外，其余表面阵地先后被"联合国军"夺去，两个高地的志愿军部队全部转入坑道坚守。

志愿军第3兵团首长决定将刚从一线阵地撤出正向休整地域谷山开进的第12军调往五圣山地区，作为战役预备队，视情况投入战斗。

从21日至29日，45师坚守坑道的部队，在"联合国军"进行轰炸、爆破、放毒、熏烧、堵塞、封锁的情况下，充分发挥党支部的战斗堡垒作用和政治思想工作的威力，团结一致，克服缺粮、缺弹、缺水和空气污浊的困难，坚持作战，并先后组织班或战斗小组向坑道外出击158次，毙伤敌2000余人，夺回7处阵地。此间，志愿军45师纵深部队以2个班至5个连的兵力，多次向597.9高地和537.7高地北山实施反击，并及时向坑道内增派人员，补充物资；炮兵19个连进行火力支援，配合坚守坑道作战。

10月21日　志愿军12军31师91团奉命前往上甘岭地区准备参战。

10月25日　志愿军3兵团首长决定，为继续支援第15军作战，调第12军31师92团支援第15军作战。

　　遭受严重打击的美第7师被迫撤出战斗（美军战史说，该师伤亡2000人），将夺取上甘岭两个高地的任务全部交给韩第2师，并调韩第9师作为预备队。

　　10月30日　志愿军第15军以45师的5个连、29师的2个连，与坚守分队相配合，在104门各种火炮的支援下，分三路向597.9高地之敌发起反击。激战至11月1日，歼敌1个营又2个连，恢复了全部阵地。

　　597.9高地战斗由进攻转入防御。

　　11月1日　91团奉命接替第15军部队坚守597.9高地主峰上的0号、10号、9号、3号阵地和4号、5号、6号阵地。其余阵地仍由第15军负责防守。91团8连于18时安全到达597.9高地，连夜完成坚守防御作战的准备。

　　11月2日　美第7师31团、空降187团等在7辆坦克的掩护下，向我597.9高地发起攻击。91团8连以小兵群战术奋勇抗击，激战7个小时，先后击退敌1个排至1个营兵力40余次冲击，毙敌千余人。8连1班战士王万成、朱有光主动请缨支援友邻部队战斗，在危急时刻，持爆破筒冲入敌群，与敌同归于尽，使阵地转危为安。

　　11月3日　志愿军第3兵团决定，第12军的100团、106团、103团准备继31师之后投入战斗。

　　91团继续在597.9高地主峰与敌战斗，共击退敌35次冲击，毙伤敌750余人。

　　11月4日　志愿军15军下达命令：45师撤离阵地到后方整补，第12军31师担任597.9高地坚守及537.7高地北山之反击和反复争夺任务。

　　敌约两个营兵力在飞机30多架次、坦克14辆和炮火掩护下分批次向我597.9高地冲锋6次，均被我击退，共计歼敌450余人。当日12时，韩2师17团一个营窜至我9、10号阵地前集结，准备发起攻击时，遭我猛烈炮火轰击，失去战斗力。

11 月 5 日　第 15 军通报表扬 91 团："91 团连续激战，先后击退敌 1 个连至 1 个团的兵力共 50 余次反扑，歼敌 2500 多人，阵地屹然未动。"

第 3 兵团首长部署 537.7 高地北山的反击作战。为便于指挥，成立了五圣山战斗指挥所，由第 12 军副军长李德生负责，统一指挥 31 师和 34 师的反击作战及 29 师的配合行动。

我 597.9 高地坚守部队与敌激战 10 小时，歼敌 2000 余人。5 连新战士胡修道，在战友全部伤亡的情况下，独自一人坚守 3 号阵地，打退敌 41 次冲锋，歼敌 280 余人。

"联合国军"在 597.9 高地吃尽了苦头，从此以后便停止了对这一阵地的大规模进攻。

11 月 6 日　美军宣布："到现在为止，联军在'三角形山'是打败了。"敌我双方争夺的焦点转到 537.7 高地北山。

11 月 11 日　志愿军第 12 军 92 团 3 个突击连在炮火的掩护下夺回了 537.7 高地北山的表面阵地，歼灭韩军第 2 师 17 团 1 个营大部。

11 月 12 日　美联社发布消息："联军所牺牲的人，所消耗的军火，已使联军的司令官们震惊了。而且若在最后公布全部损失时，还将使公众震惊。这次战斗是在 28 个月的朝鲜战争中第二次损失精锐部队最多的战斗。这次损失仅次于 1950 年第 8 集团军在北朝鲜惨败时的损失。"

92 团在 537.7 高地北山与敌反复争夺。

11 月 14 日至 18 日　美军先后纠集 16 个营的兵力，在空军和地面炮兵的支援下，向 537.3 高地北山疯狂反扑，妄图挽回败局。92 团和 93 团英勇战斗，先后击退联军 132 次冲击，毙伤 2000 余名敌人，狠狠地打击了联军的嚣张气焰。

11 月 18 日　志愿军第 15 军首长令 34 师 106 团接替 93 团，参

加537.7高地北山的战斗。106团采取少摆多屯（将大部兵力部署在坑道内保存有生力量，少数兵力坚守表面阵地）的作战方法，大量杀伤敌人，巩固了阵地。

11月20日　联军因伤亡惨重，兵力不足，只能实施连以下的小规模反扑，或以其空、炮火力对志愿军实施报复性袭击。

11月25日　中国人民志愿军第3兵团指示：上甘岭地区战斗作为战役性的作战结束。537.7高地北山之战斗作为一个单独的战斗进行。

11月26日　志愿军第15军司令部发布上甘岭战役战绩公报：在43天的战斗中，我打退敌排以上进攻900余次，与敌进行大规模争夺29次，以11529人的伤亡代价，毙、伤、俘敌25498人，其中全部歼敌建制1个营、18个连、218个排，击落击伤敌机300多架，击毁敌坦克40辆、大口径炮61门，消耗敌100多个建制连的器材装备，使敌所谓"一年来最大的攻势"以失败而告终。

12月15日　上甘岭537.7高地北山的战斗结束。

附表1

上甘岭战役志愿军战斗编成表

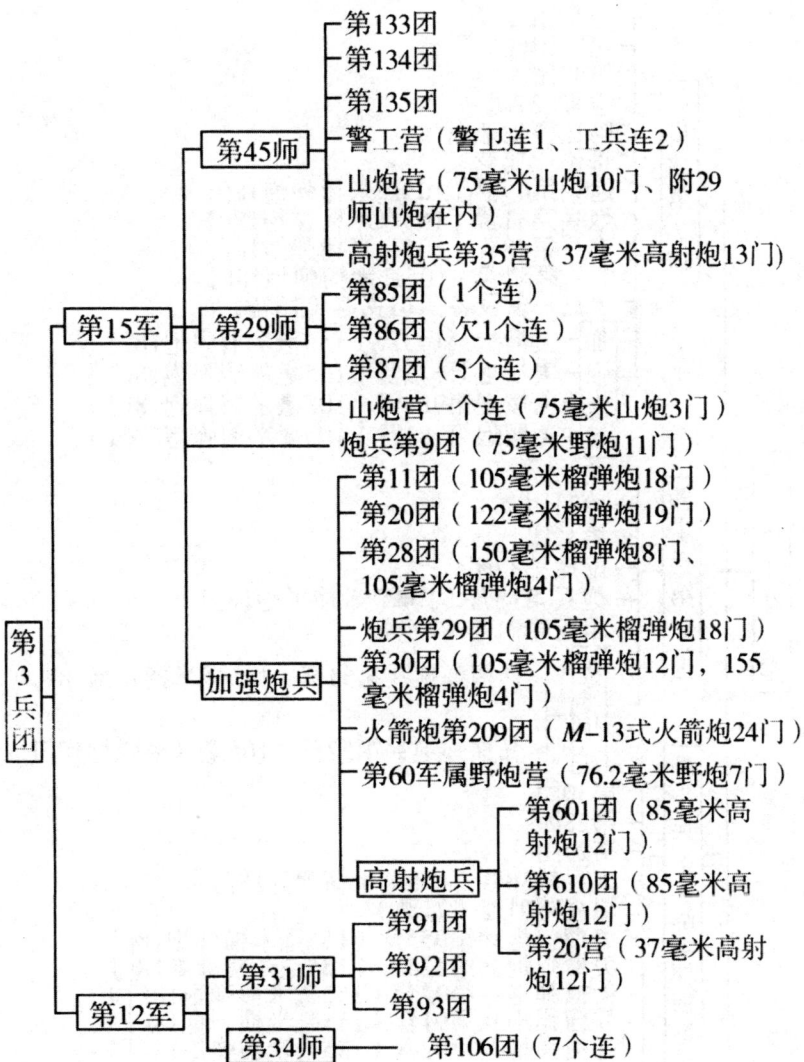

第3兵团
- 第15军
  - 第45师
    - 第133团
    - 第134团
    - 第135团
    - 警工营（警卫连1、工兵连2）
    - 山炮营（75毫米山炮10门、附29师山炮在内）
    - 高射炮兵第35营（37毫米高射炮13门）
  - 第29师
    - 第85团（1个连）
    - 第86团（欠1个连）
    - 第87团（5个连）
    - 山炮营一个连（75毫米山炮3门）
  - 炮兵第9团（75毫米野炮11门）
  - 加强炮兵
    - 第11团（105毫米榴弹炮18门）
    - 第20团（122毫米榴弹炮19门）
    - 第28团（150毫米榴弹炮8门、105毫米榴弹炮4门）
    - 炮兵第29团（105毫米榴弹炮18门）
    - 第30团（105毫米榴弹炮12门，155毫米榴弹炮4门）
    - 火箭炮第209团（M-13式火箭炮24门）
    - 第60军属野炮营（76.2毫米野炮7门）
  - 高射炮兵
    - 第601团（85毫米高射炮12门）
    - 第610团（85毫米高射炮12门）
    - 第20营（37毫米高射炮12门）
- 第12军
  - 第31师
    - 第91团
    - 第92团
    - 第93团
  - 第34师 —— 第106团（7个连）

附表 2

上甘岭战役敌军战斗编成表

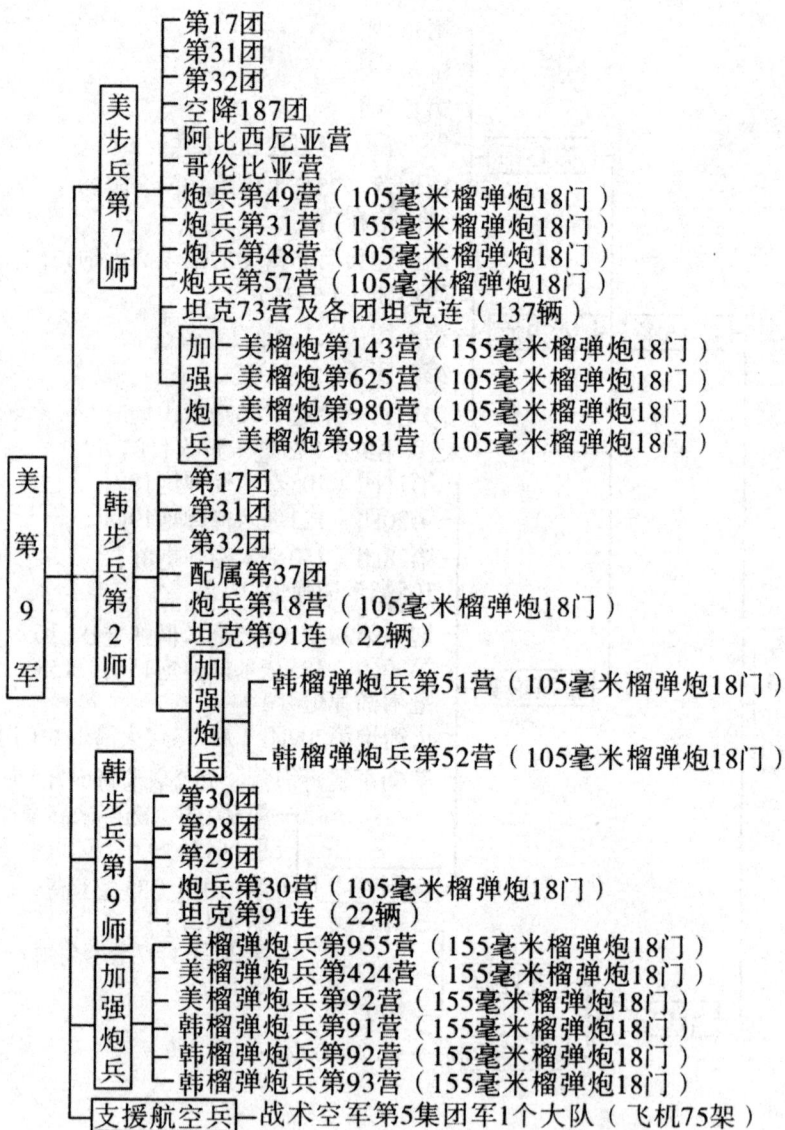

- 美第9军
  - 美步兵第7师
    - 第17团
    - 第31团
    - 第32团
    - 空降187团
    - 阿比西尼亚营
    - 哥伦比亚营
    - 炮兵第49营（105毫米榴弹炮18门）
    - 炮兵第31营（155毫米榴弹炮18门）
    - 炮兵第48营（105毫米榴弹炮18门）
    - 炮兵第57营（105毫米榴弹炮18门）
    - 坦克73营及各团坦克连（137辆）
    - 加强炮兵
      - 美榴炮第143营（155毫米榴弹炮18门）
      - 美榴炮第625营（105毫米榴弹炮18门）
      - 美榴炮第980营（105毫米榴弹炮18门）
      - 美榴炮第981营（105毫米榴弹炮18门）
  - 韩步兵第2师
    - 第17团
    - 第31团
    - 第32团
    - 配属第37团
    - 炮兵第18营（105毫米榴弹炮18门）
    - 坦克第91连（22辆）
    - 加强炮兵
      - 韩榴弹炮兵第51营（105毫米榴弹炮18门）
      - 韩榴弹炮兵第52营（105毫米榴弹炮18门）
  - 韩步兵第9师
    - 第30团
    - 第28团
    - 第29团
    - 炮兵第30营（105毫米榴弹炮18门）
    - 坦克第91连（22辆）
    - 加强炮兵
      - 美榴弹炮兵第955营（155毫米榴弹炮18门）
      - 美榴弹炮兵第424营（155毫米榴弹炮18门）
      - 美榴弹炮兵第92营（155毫米榴弹炮18门）
      - 韩榴弹炮兵第91营（155毫米榴弹炮18门）
      - 韩榴弹炮兵第92营（155毫米榴弹炮18门）
      - 韩榴弹炮兵第93营（155毫米榴弹炮18门）
  - 支援航空兵——战术空军第5集团军1个大队（飞机75架）

上甘岭战役前志愿军防御部署及敌军态势图

上甘岭战役敌我态势图

上甘岭战役志愿军第 45 师战斗部署图

上甘岭战役经过要图

上甘岭597.9高地与北山阵地编号坑道位置兵力部署

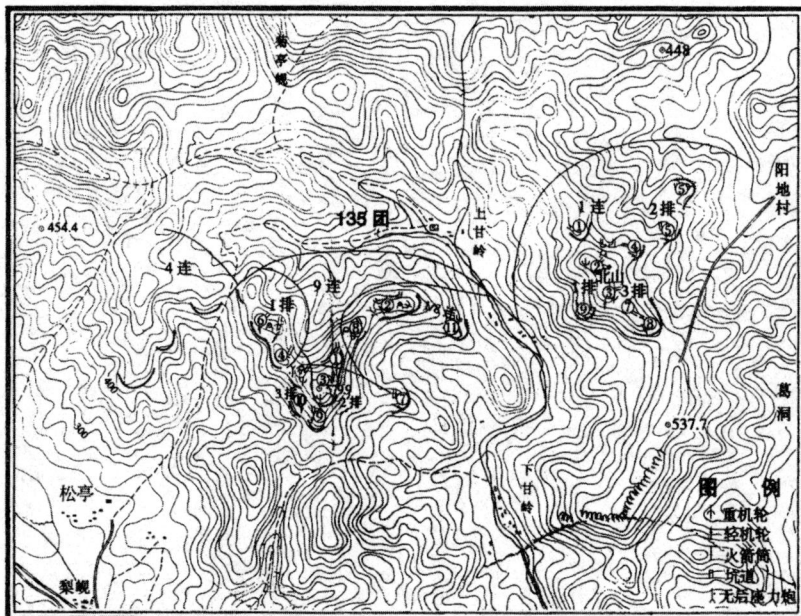